扉のない鍵

［文藝別人誌］

扉のない鍵　創刊号　2017年11月　目次

表紙画＝小林久美子
デザイン＝大原信泉

特集◆扉、または鍵

生野毅	蛭化	大久保春乃	水の扉
中村幸一	Habemus Papam!	松本憲治	家族の肖像
松本憲治	詩朗読への「鍵のない扉」――音、声、言葉、文字。	宮野一世	扉を開けると開かずの青いドアのために
今井正和	天国への鍵	坂原八津	鍵と扉の試み
森井マスミ	鍵穴に鍵	廣庭由利子	扉のない鍵
長谷川と茂古	コレクションT	堀隆博	他者　境界　そして扉
小林久美子	塑像のある部屋	山本かずこ	新宿ゴールデン街びより
松原未知子	予約	笹原玉子	あとのゆふぐれ

6　生野毅
8　中村幸一
10　松本憲治
12　今井正和
14　森井マスミ
16　長谷川と茂古
18　小林久美子
20　松原未知子

22　大久保春乃
24　松本憲治
26　宮野一世
28　坂原八津
30　廣庭由利子
32　堀隆博
34　山本かずこ

特集

◆◇◆

扉、または鍵

特集◆扉、または鍵

蛭化

生野　毅

一枚のおおきな扉は　おお空に吊るされ　身じろぎもせず　時に微風にたじろぐ
(皆さん　あの日　この世のすべての扉がおお空に蝟集しておおきな扉と化した瞬間　誰もかれもが盲いてしまったのです)
晴れたおお空の下では　おおきな扉は厚く藻や苔で黒々と覆われているように見える
それは無数の地下茎がはみ出した断崖が　空中に忽然と出現したかのようにも見える

(この世にはもはや使われることのない無数の鍵が残されました　扉を崇め奉り　おおきな扉による新たな支配の世界の到来を待ち望む者たちは　盲いたまま地上を這いずり回り　手探りで散逸した鍵を探り当てると　それらを次々に呑みくだしてゆきました　すると彼らの一人一人は　おおきなおおきな蛭どもと化してゆきました　彼らとはうらはらにかつてこの世のありとあらゆる支配や管理や差別や排除や隠蔽や隔離を行使する扉の追放を願った私たちは　今や扉のない建物の残骸の内に身を潜めては　昼となく夜となくいたるところにおしよせてくる蛭どもが這いずり回る湿ったいやらしい音を耳にしながら　彼らの甘ったるい腐敗臭に似た体臭を否応なく嗅がされながら　彼らが扉のない玄関や門や勝手口から侵入して私たちの体液を吸い肉を貪るのを怖れて震えおののいているばかりです　彼らもまた盲いた者でありながら　蛭と化してからは背中に眼点と呼ばれる蛭特有の光を感知する器官を備えたので　おお空の扉の向こう側の光に満ちた新たなる扉の秩序の世界を本能的に嗅ぎつけているらしい　そしていつの日にか蛭どもは自らの体を無数に織り合わせることでおお空のおおきな扉に届くおおきな縄梯子を作り上げ　その縄梯子を伝って蛭どもは　おおきな扉まで這い上がってゆき　自らの体を束ね合わせておおきな鍵と化し鍵穴をくぐり抜けようとしているらしい　しかし来るべき日の到来に備えて私たちの血肉を吸収してますます肥え太り逞しくなってゆく蛭どもとはうらはらに　盲いたままの私たちは満足に飢えや渇きを癒す術を持つこともできず　ただやせ衰え朽ちてゆくばかりです)

赤黒いすじ雲がたなびいたり青紫色のまだら雲が浮かんだりする夕刻
おおきな扉はおお空に吊るされたおおきな鐘のようにも見える
藍色に呑まれてゆくおお空は鐘のないおおきな鐘楼のようにも見える

（皆さん　私たちが盲いてしまい　おぞましいおおきなおおきな蛭どもに蹂躙され　おお空からおおきな扉が吊るされたのは　私たちがこの世のすべての扉の追放を強く望んだ報いだったのでしょうか　扉のない世界では　刑務所や収容所から逃亡した囚人たちや捕虜たちのみならず　理性や倫理の扉から解放されたすべてのものたちが自由を謳歌しつついたるところで略奪や暴行や殺戮に明け暮れ　屠殺場や保健所や動物園や牧場から飛び出した動物たちが野性に還って自分たちを蹂躙し飼い慣らしてきたものたちに牙を剥き　生物学研究所や製薬会社の培養室から蔓延した害虫たちや細菌たちが　扉のない世界のいたるところで猖獗を極め　そうしてこの世界が死や病や悪徳に染めあげられて朽ち果ててゆき　すべてが無に帰した後に　透明な魂たちが群れ集う新しい時代が始まってゆく　こんなすばらしいことを夢見ていたことが　果たして誤りだったとでもいうのでしょうか　盲いてしまってからというもの　私たちは自由の身になったものたちの歓声を聴いたことがありません　それればかりか鳥のさえずりも犬や猫の鳴き声も馬のいななきや蹄の音も　獲物を漁る猛獣のうなり声も聴いたことがありません　みな蛭どもの餌食となってしまったのでしょうか　それとも蛭どもに捕えられ　抑えつけられ　蛭どもから口移しに無理矢理鍵を呑まされてしまったのでしょうか）

雨もよいの日におお空いちめんの灰色の雲を見上げると　灰色の雲の向こう側のおおきな扉は　その姿を雲の表面に　海原のおおきな魚影のように滲ませていることがわかる
稲妻がおお空を引き裂いても　おおきな扉を引き裂くことはありえない

扉のない空港　扉のない屠殺場　扉のない大型トレーラー　扉のない冷凍倉庫　扉のない養護施設　扉のない簡易裁判所　扉のない総合病院　扉のない空軍基地　扉のない教会　扉のないラブホテル　扉のない火葬場　扉のない撮影所　扉のない警察署　扉のない厩舎

扉のない世界を　吊るされたおおきな扉が見下ろしている

（かくなる上は皆さん　もはや私たちが蛭化するより他に道はありません　今日も私たちは　光を欠いた眼でおお空を遮るおおきな扉を見上げています　もはや呑み下すべき鍵の一つも地上に見出せない今　おお空からの黒々とした滴りにこの身が穿たれることだけが　蛭化の時を迎える唯一の方途だという　まことしやかな伝承を信じ続けながら）

夜
　おお空の扉はおお空そのものとなる
頭上の暗黒は本当は無数の暗褐色の蠢動するもので構成されているらしい
時に　ぬめりをおびた柔らかいちいさなものが落ちてきて　首筋や髪に触れることがある

誰も　おお空のおおきな扉を見たことがない
時に　微風にたじろぐ

特集◆扉、または鍵

Habemus Papam!

中村幸一

真珠いろの光を上り真珠いろの扉をあけるとそこは真珠色の控えの間。フランツ一世シュテファンが右手をあげて微笑むともなく微笑んでいる―

鍵穴の小さな光が絨毯の一角獣の模様をひからす

スペインの修道院に住んでいたころ同僚は命じられて南米に布教にへ行ったのだが、私は頑として行かず、ひとりパイプオルガンをポフポフ弾いていた―現地民のアニミズム信仰を尊重したいというのが表向きの理由であった―

聖堂にこだますおと床がにおち天使がひろうまぼろしをみる

鍵ひとつあらわれ鍵穴にゆっくりと入る幻想―サラゴサの午後

過去生をめぐりて夢路をたどりゆく扉をあけて重いとびらを

鍵 jian はのびやかに立つ、鑰 yao はひきしめる意味だというどうみても性的な暗喩をもつこの語はマルクス主義哲学者が昔「鍵鑰を成す」などと用いていた。後者は中国で「钥匙 yaoshi」と、ごくふつうに使われる。漢語を難語としているわが国の悲喜劇であるといってよいだろう―。

立夏とう五月《ゴガツ》さつきの中国の黄河のあたり夏めきて顕つ

中国語の歌を聴くようになった。歯切れが良い音、遠慮の気配がなく心地良い。子音の鋭さ、母音の多彩さ―力強くエネルギーにあふれる彼らはヨーロッパの終焉と入れ替わるように世界を支配するだろう―いまだに脱亜入欧の我が国は永遠に蚊帳の外―それにしても張　國　榮《レスリーチャン》の消え入りそうな高音が本当に消えたときロウソクから煙がすっとのぼるのが見えたのは心眼であって肉眼ではない―。

偽りの愛もて愛すわかものの心の扉こわれてあはれ

わかものの心の扉割れはてて漏るる光は虹の七色

コンクラーヴェは鍵付きという意味で新法王が選ばれ白い煙が上がるとサンピエトロ広場に大歓声があがる―バルコニーの扉があき **Habemus Papam!** と聖職者が叫ぶととても柔和そうなアルゼンチン人が兄弟姉妹、こんばんはと言いつつ出てきたのは記憶にあたらしい―。ところで貴方が秘密の扉と思ってきた扉は秘密でもなんでもない。聖アンブロジウスはミラーノの守護聖人でサンタンブロージオとイタリア人には呼ばれている―

パンドーラー箱もたされて降りたてば開けねば希望あると知らざる

詩朗読への「鍵のない扉」

――音、声、言葉、文字。

松本憲治

一九七四年、五月のある午前。上野にある大学の声楽研究室。窓の外は春の午前の陽に輝き始めた上野の森の緑。ピアノの後奏の最後、最弱音のフェルマータの後、ピアニストはゆっくりとペダルをあげる。――室内に十秒近い沈黙が流れた。

実はこれは、当時学部生だった僕と僕の友人の男子学生二人が経験した、当時学内で「噂の」メゾ・ソプラノ、某女子大学院生のレッスンである。課題曲は、ブラームスの歌曲「Die Mainacht／五月の夜」。

「レッスン」とは言え、これは名演であったのだ。今でも覚えている。この五人が経験した、あの研究室の二度と経験できない、また翻訳できない、あの凍りついたような深い音楽時間。いつもは関西弁で賑やかにダメを出すS教授は、椅子に俯いたまま何も言わない。研究室の片隅の僕ら、友人は微かにため息をついた。これも覚えている。

音楽や芝居の稽古場では、時にこんな時間が「事件」として創り出されるものである。まず、その時、若き音楽学生だったところで、この「事件」の感興を後々思い出すにつけ、色々気になることもある。

った僕は、「ブラームス」についてあまり知らなかった。彼の歌曲書法も知らなければ楽譜も見ていない。ましてや詩人のH・ヘルティについても肝心の詩の意味についても、何も知らないであの「全き音楽時間」を経験したのである。僕はあの時何に撃たれたのだろう。何も知らないで。

以下、「五月の夜」の第一連を引いてみる。

Wann der silberne Mond durch die Gestrauche blinkt,
Und sein schlummerndes Licht uber den Rasen streut,
Und die Nachtigall flotet,
Wandl' ich traurig von Busch zu Busch.

樹々の枝を通し銀色の月が覗き、
まどろむ光が草原の上に散らされ、
そして夜鶯が囀るとき、
私は悲しみを抱き　茂みから茂みとさまよう（松本訳）

古典的な芸術歌曲のスタンダードなレッスンは、まず diction と称する詩の朗読から始められるのだが、この十八世紀ドイツの詩人、ヘルティの四行×四連の詩は、一読、端正なリズム、音韻による母音調和など、朗読して楽しい。

つまり発音してカッコいい、まさに「詠う」のである。古典の良さは裏切られないこと。その予定調和の持続の中で、奥深く感情を込めることが出来る。声は息。それなりに表現しようとすると何よりも息の流れが深くなり、その持続はメロディーを生む。古典的な詩は声の diction のための様々な修辞の技術とともに、声の訓練もあったのだろう。詩の大意は、この時代に散見される「恋人への憧れ」、「絶望的な孤独」である。無論「詩の意味」も「さらに深まる」という理解のためには必要な条件であろうが、はっきり言えるのは、あの五月の午前、僕たちが魅惑されたのは、音楽に、であって詩の意味に、ではなかった。

もう一つ、声の場は「ただ一度だけの事件」でり、「出来事」としてこの世に現出し、目前の場に同調しようとし魅了しとする。つまり古典的な歌手、朗読者は何よりも場の雰囲気を探り、そうあの「気合」を持って声を歌わせる。あのメゾ・ソプラノの女子大学院生は、何よりもその場にいた「僕たち」に歌い告げたのであろう。

音楽。美しい誘惑。美しい嘘。謎の微笑み。――僕を、美しく騙して!

――僕はその時「美しく騙された」のである。意味なんぞ分からなくてもあれは至上の時間だった。笑わば笑え、である。

音楽に思想はない。いや、どんな思想の衣も美しく纏うことが出来る。音楽にあるのは美学だけ。

ところで「詠わない」現代詩、音楽から遠く、「美しく騙さない」現代詩の「声=朗読」とは、一体何なのだろう。戦後、曖昧だった母音を五つに決め、旧仮名を排し、論理的整合性を至上とし、揺れを許さない正書法。伝統リズム、声、を排し叙情から遠く、詠わない詩たち。「意味」の鋲。声の場の必要のない「文字としての言葉の持続」。実は僕らはこの「黙読」される詩の言葉に撃たれたのだ。

現代日本語による現代詩詩人の詩の朗読を何回か聞いた。日本語の伝統的発声の技術なく、息浅く、「気合い」の調整もなく、声を予想しないデジタルな現代日本語の文字を声に置き換えた朗読。明らかに「文字」から受ける感受と異質だと感じてしまう。また、明らかに「美しい日本語」ではない。未成熟。このような朗読の場にはいつもいたたまれぬ思いがする。

しかし、もちろん、「美しい日本語」という言葉への寄りかかり自体が、ある種の感性の怠慢であろうし、そうでないものこそ、清新で自由な冒険とも言える。また、そんな「場」にいることも「事件」ではある。様々なノイズがあり、息遣いがある。そう、現代詩朗読への鍵はない。ひょっとして、新しい現代日本語の表現、ということから言えば、これはこれで、面白い「事件」を起こすかもしれない、と思い直してはいる。

そう、扉の向こう、何か新しい「言葉の持続」が欲しい。

特集◆扉、または鍵

天国への鍵

今井正和

イエスは天の国の鍵をペテロに授けたと言われている。「天国の鍵」とは何か。本当にペテロに与えたのか。また、ペテロはそれに値する人物なのかに焦点をしぼって考えてみたい。

マタイ書（一六章13～20）によると、イエスが弟子たちを前に、人々が自分のことを何者とおもっているかを訊ねたとき、ペテロが「あなたはメシア、生ける神の子です」と答えたという。イエスはこれを聞いて喜んだのであろう。次のように続けた。「17　シモン・バルヨナ、あなたは幸いだ。18　わたしも言っておく。あなたはペトロ。わたしはこの岩の上にわたしの教会を建てる。陰府の力もこれに対抗できない。わたしはあなたに天の国の鍵を授ける。あなたが地上でつなぐことは、天上でもつながれる。あなたが地上で解くことは、天上でも解かれる」と。ペトロとは岩のことである。プラトンが「肩幅の広い」という綽名のように、ペテロも一種の綽名である。礎となる岩なのだ。ここから、ペテロがイエスの後継者という根拠が出てきた訳である。しかし、イエスが生きていた時、まだ教会は存在していないのであり、イエス死後、40年近く経ったマタイ教団の意図がそこに働いていることは新約学者の多くが指摘している。最初に書かれた福音書であるマルコ書にも「あなたはメシアです」とあるだけで、17以下の記述は無く、これはルカ書においても同様である。マタイ書だけが、ペテロの鍵についての記事を強調しているのである。しかし、後のキリスト教史は、このマタイ書を中心に動いてゆく。そして福音書の最初に置かれた権威ある書になったのである。

では、天国の鍵とは何か。「地上でつなぐ」「地上で解く」が、「鍵」を受けた表現であるように見える。ある新約学者によると、法の拘束力を布告する教権だと解釈している。これに従うならば、マタイ書は霊的な世界だけではなく、現世の支配権をも教会法という形で、ペテロに与えたことになる。ここでは「鍵」は、獄に入れる、獄を解くという司法の権限に近いものということになる。つまり、罪を解いて天国へ行くこと、罪を着たまま地獄へ堕ちることの決定権（天国への扉を開くか閉じるかの鍵）をペテロが握ったということであろう。イエスから与えられた天国の鍵とは、そういう性質のものと思われる。ルネサンス期の絵画には、大きなカギを携えたペテロの姿が描かれている作品もあると聞くが、残念ながら私はまだ目にしていない。

では、ペテロは天国の鍵を握るにふさわしい男なのか。多くの人は、ペテロを独身者だと思っているが、彼に妻がいたことは聖書の記述のなかではっきりしている。マルコ書一章30節の「シモンのしゅうとめ」がその一つの証拠であろうし、別の箇所では、妻と伝道に旅立ったという記述がある。ペテロをことさら独身者であることを強調するのは、イエスの一団の聖性を誇示するためであろうと思われる。「両親を捨て、兄弟を捨てわたしに従いて来なさい」という表現の中に、「妻を捨て」という言葉が存在しない。これは福音書記者の作為が入っているのかもしれない。なぜなら、すでに述べたように、ペテロにはイエスと出会う前から妻がいた筈だからである。

そのペテロが女性たちと対立していたこともはっきりしている。それは、マグダラのマリアを中心とするグループとの反目である。なぜなら、イエスが復活した姿を一番最初に見せたのは、マグダラのマリアなのであり、このことは動かしようがない。それは、一番目の弟子である自分にではなく、マグダラであったという悔しさであり、負い目であって、一番弟子であるという彼の権威に傷がつくことに由来する。復活したイエスが最も早くマグダラの前に立ったということは、イエスがマグダラを最も愛していたことを証明することになるのである。

マグダラのマリアは、新約の外典である『フィリポによる福音書』によると、「主はマリアをすべての弟子たちよりも愛していた。そして彼は、彼女の口にしばしば接吻した。他の弟子たちは彼に言った。あなたはなぜ、私たちすべてよりも彼女を愛されるのですか」という記事がある。さらに、グノーシス的記録『ピスティス・ソフィア』には、「マリアよ、幸福なるマリアよ、わたしはあなたを、天の御業のあらゆる神秘において完全なるものとしよう。勇気をもって語りなさい。なぜならあなたの魂は、他のすべての兄弟たちよりも、天の王国に向かっているのだから」とのイエスの言葉が記されている。そして、マグダラを中傷するペテロに対して、マグダラは「わたしたちは、自分たち自身のことだけを憐れんでいるのではなく、人類全体を憐れんでいるからです」と答えている。『トマスによる福音書』によれば、ペテロはマグダラに向かって、「立ち去れ。女たちは命に値しないからである」と敵意を露わにし、女性を蔑視している。

マグダラは、イエス死後、砂漠の洞窟で47年間純潔を守って苦行したという。一方、ペテロはエルサレム協会の中心となり、最後はローマで布教し、殉教した。この殉教の際に、師と同じ十字架では畏れ多いとして、逆さ十字架を望んだということも彼を美化することにつながったし、天国の鍵をもつ者にふさわしく見えたのであろう。しかし、女性の地位が強かったら、天国の鍵は女性が握っていたかもしれないのである。

特集◆扉、または鍵

鍵穴に鍵

森井マスミ

鍵をかけ忘れた自転車　日本の鍵穴に鍵はいつも挿しつぱなし

金正男《キムジョンナム》似の人が街行くこの国の西高東低春はまだかな

部屋の扉《と》を蹴破るやうに春がきて桜前線、桜でよかつた

猿の親子の温泉風景マスコミが伝ふる世界も「ああ、いい湯だな」

もうすでに戦争がはじまつてゐても知らねばそれはそれで、ま、いいか

飢餓のネアンデルタール人は人を食つた東京五輪未来は希望

母にならつて「正男《まさお》さん」と呼んでみる兄弟殺し合ふは世の常

カインが追はれしノドの地いずこ母の地図に国数ふれば両の手に足る

地図にないかの国のことそれはそれとところでみなさん「SECOM してますか」

東芝とサザエさんとの関係を思へばゆかし昭和なる日々

いつからか闇を遠ざけ鍵をかけひとの暮らしはよくなつたのか

各停しか停まらぬ駅でいいぢやない日本を通過列車が過ぎる日

からすが鳴けば死人ができたといふ母の原野に鳥葬の葬は進めり

手羽先の関節器用に外しつつ最期はきれいに喰われてやらう

空港は沼だつたのか隅々を照らすカメラを鎖《とざ》す闇あり

コレクションT　　長谷川と茂古

菖蒲月　カーラジオよりこぼれ来る清志郎のこゑきらきらとして
白雲の鯨ちりぢり鳥となり交信しをりそよぐ青葦
鉤型の尾をもつ猫が歩みをりあはきひかりを引き連れながら
結末は合ふか合はぬかそのいづれプラトン的愛にふるへる鍵は
深海をのそりのそりとたゆたひの一塊われは眠るあかとき
ほらそこに、と指す方みれば須臾にして扉は消えぬ微笑みのこし

閃光のごとき刻印ゆれてゐて虹を乞ひしかあをきアイリス

川面には折り紙のふね流れゆく何処にか通じる扉さがして

八雲たつ出雲の苑に舞ひおりて岩戸をあけむ水樹奈々はも

やはらかい懐中時計をポケットにドアからドアへ旅をしてをり

いざよひに仄かに光る瑠璃色のかぎ、自転車、とほきいかづち

謎を解く鍵を手にして悠然とリーデンブロック教授はあゆむ

そのゆめの鍵をうしなひさびれたる薄暮の檻に立ちつくしたり

つぎつぎと花弁の出でてだりあ咲くサイケデリックな夢のさめぎは

扉なき普賢といふ名の鍵を持ちこのさきもまた冥き道ゆく

特集◆扉、または鍵

塑像のある部屋

小林久美子

まぶしさにさえぎられる視野におもう天は白みに充ちているかを
まだ解けないままに残されなければならないように汝へ降る問い
山の廃屋で想う扉に鍵をかけ道を下りたひとのこと
鍵をかける一瞬だったとしても時間に戻りようはないから
胸間を抜けたらどこへ向かうのだろうはだかの思いだけになり
みえない拒否を知ることのしずけさは　窓に翼をうちつける鳥

損なえば傷つけてしまうのだから　ひとつ誤り今日をまちがう
オルガンのひびきに戦慄がはしる今あなたのいたみを知りたい
つめたくつきはなされながらこころは澄んでゆく差しだされた曲に
さわだつ思いが整いゆくように漏斗を降りるほそい流れは
なげかない塑像にふれる　愛をしられず知られないなかにやすらぐ
手にふれる者のこころをあたらしくする修復を了えて扉は
過去なら見つめなおせる　もういちど自分に自分が帰されるまで
汝がいま幸福だと思えるなら代われるものをのぞまずにすむ
たしかめるように繁る葉　確かめるのをやめないように楠木は

特集◆扉、または鍵

予約

松原未知子

シャンプーのあひだも煮えてゐるだらう東の空の天球ひとつ
昆虫がひかりに耳をそばだてる夏のあしたのとびらのそびら
親子ドアの親子のあひに隙ありて朝のひかりはそこゆ攻め入る
クレソンをはさみて食べるバゲットの晩餐会のごとき切り口
かみくだき口にころがしほろにがし林檎は文語のかをりをもてり
カフェラテとカフェカプチーノのあひだにはおもひのほかの霧たちこめつ

（新幹線のドアとホームのあひだにはおもひのほかに広い淵あり）

肌色をうすだいだいと言ひかへてドリンクメニュウのとびらを閉めつ

リノベーションされたる神社かつてここに夜露をしのぐ能舞台ありき

方形の砂場に藤の花たれてそこ霊界のほとりとおもふ

肉体のないうつしみの花ならば千年ぐらゐは生きていいから

鍵穴は湿りてゐたりここからはファイバースコープだけとほらしむ

鍵のない扉にだれもさはれない五月の風が吹きぬけるまで

ドアノブをはづして覗く部屋内《ぬち》にかなしみのシミひろがりて見ゆ

予約《アポイント》をとりたきその日　引きのばしすぎればつひにタヒとなる死は

特集◆扉、または鍵

水の扉

大久保春乃

夢の世の渚にならび船の名を読みては沖へ見送るあそび

藍ふかき支那縮緬のさざなみの光に浮きて船の行き交う

おぼろなる春の波間をゆく船の右舷《ふなばた》にあえかなる傷

その声に耳を澄ませばさらさらと水にまみれし時のこぼれる

とことわという名の今を　波の音にあなたの声にたゆたいている

帰りゆくところと思えば君の背の一面に海　魂《たま》ふるる海

めぐりあまねく青き水面《みなも》のただ中にあなたが置いてみせるひと色
寄せては返すあるかなきかのたましいのしずかに開く水の扉は
水の扉に刻まれし声の青青と、命はなべて消えゆくものと
変わることも、と言いさしてやむ　水底の扉をそっとふるわすように
あやまちを秘め持つ橋と聞きしかばふっと小さくなる船溜まり
残るもの残されるもの忘却の春のひと日の桟橋に恋う
ひたぶるに慕いしのちの海の青あるがままとう風情に風は
ペルシアの絹の火影にほつほつと失いてきしものを数える
弥生の風にあらがいながら笑いあうカモメ静かに祈るカモメも

家族の肖像Ⅰ

松本憲司

ようやく海辺の小高い丘。西向きの草土手、夕暮れ。幼い息子の喃語をなだめ妻は膝をつき、娘は機嫌よく歌を口ずさむ。少し後方、妹は腕組んで立ち、その傍に姉は微笑む。シロツメクサの茂み、暖かな土の匂い。——なぜ、名前も持たずに、そのように。不意に西風が頬に壊れ、ミズナラの葉が揺れる。紫紺の空が祈りのように深まりはじめ、時間はわずかにでも動いているのか。

遠い炎が次第に近づいてくる。まず、妹がゆっくりと腕をほどく。姉が静かに首をあげる。遅れて振り向く妻、膝の息子の瞳がオレンジに輝き、小さな口を閉じる。娘は母に体を預け、徐々に近づく炎を見つめつつ歌をやめない。そしてひととき、皆は息を止め、わたしたちの終わりはもうすぐ。罪のように、また贖罪のように。

そのまま、同じ方向、いちめんの闇と揺れる橙色に包まれ、わたしたちの時が約束のように近づく。

家族の肖像II

微かに後の方、（……あなたの音？）あれは動いているのか。慎重に扉を開け、まず右側から、クロガネ、ナンテン、それからツバキ、キンモクセイ。ありふれた庭木を探り進み、幼児の靴、朽ちた虫籠、錆びた鍵束、割れた鏡、陶片、失われたサン・オレンジの妻のスカーフ。それからめまぐるしい色彩。琥珀、鼈甲、薄紅、茜、さらに山吹、鶯、女郎花。おびただしい小さな秘密を指折り数え、（……あなたの匂い？）これは予感ではない、確かに動いている。しかしもう誰もいない、いる筈がない。溢れている名辞と声、音と香りの名残り、賑やかな記憶に踏み迷い立ち尽くす向こう、消えようとするちいさな足跡。あらゆるものはひとつ、ひとつしかない、ひとつしか。いや、腰を屈めさらに数え進み、息と声、香りと名前を追い求め——、振り返ればやはり開け放たれた扉の。

もはや音は途絶え、親しく、透明で濃密な影に満ち満ちて、幾万年も静止した無音の風景が。

扉を開けると　開かずの青いドアのために

宮野一世

長方形のスケーターが
リンクをすべっている
底辺を氷につけて　すーい　すーい　すーい
ときおり
角の一点だけ接氷し
手も足もないのに両手をひろげ片足あげて
リンクに曲線描いている
かたいはずの体を反らし
イナバウアーまで柔らかにやらかし
しだいにスピードをあげては
三回転　四回転　なんと五回転！
ジャンプを繰り返し
そのたび
宙に青い円柱が跳ぶ
観客が沸くと

手はないのに片手でポーズをつくり
ノブからは親指をこっそり突き出している
やがて曲がゆるく転調すると
後傾し
目をつむり恋人を想うように
長く曲に浸る
かと思うとふいに
体をひねりゆらし
角を使って　ステップ　ステップ　ステップ
しながら終幕へ
ない手を上げての超高速スピン！
氷上に青い円柱を仕上げて
止まる
荒い息で長方形が喜びゆがみ
鳴りやまぬ歓声と拍手のなか
扉が
ゆっくりと
し
ま
る

特集◆扉、または鍵

鍵と扉の試み　　坂原八津

暗号の鍵と鍵穴

「沈黙は共有できるか　沈黙が意味を持たない闇となれるか」
雨の日の廊下にブタのぬいぐるみ　人体の臓器は豚に似る
浄化した水の流れる岸辺にはソメイヨシノとクローン短歌
水のなか気泡がつくる立像を生命体と仮定するとき
それぞれの何十億もの　抱え込むこの螺旋には方角はない
繰り返す創造または破壊神たとえば今もさばくのまちで
きみもその雲をそだててきただろう　積乱雲の前触れの風に

「岩をくだけ　岩よ砕けよ　神と呼ぶことで落ち着く視線の先の」

伝説をまとった遺骸を核として鎮もるように見える丘たち
石室に灯をともすとき消えるもの　見えないということに許され
神蛇と仮に名付けるこの山のざわざわとした山肌に居て
岩陰で声を潜める　おそらくは巨大なほとに包まれるため
血の色の枯れた杉葉の赤い道　細かい雨は止みそうにない
砂浜が青さを含む　夕の底　わたつみの宮凝りはじめる

踏み固め塗り込めていく扉の奥に

特集◆扉、または鍵

扉のない鍵

廣庭由利子

心《むね》の扉《と》をチェーンはづさず開きたる牝猫じつとわれをみつむる

初版本小説『鍵』の扉絵に観音めきて裸婦は踊れる

そのかみの男神《をがみ》の恋を隠しけむ「切窓峠《きりまどとうげ》」夜霧の扉

ライ麦麺麭《セーグル》を無性に食べたくほやほやと春風髪に溜めて扉《ドア》押す

梅雨空をつんざく燕の上声《うはごゑ》にひらく駅前蕎麦屋の扉

夕焼けの山路は寺の袖石《そでいし》に忘れし鍵のごとく蟷螂

緋ダリアの大輪くづるる象《すがた》して夕日海面《うなも》の扉をひらく

守るもの捨つるものとに迷ふうち花屋の扉にあぢさゐ彩《いろ》ふ

須磨浦の月夜に光る首輪して硝子の扉に寄り来る仔猫

ゆゑしれぬ憂ひに似たる雨の日の部屋の扉は閉めずに眠る

蓮華つつじ夏の扉を開かむと炎となれり熱吹きながら

月近く小さき機影の発光す夏を迎ふる戸の鍵のごと

夏きざす扉をあけて鳴呼朝の燕麦粥《オートミール》へ落とすはちみつ

ロココ調の扉を飾る浮彫とけふ手鞠花しみみに白き

あきらめも時には快楽《けらく》さんさんと陽のあたる扉《ドア》あけずに帰る

他者　境界　そして扉

堀　隆博

扉は、領域を分断する壁に存在する。扉があるということは、そこには少なくとも二つの領域があり、境界があることを意味する。境界も扉も可視か不可視かは、この際、関係ない。自分以外の存在、他者がいれば、おのずから領域、同時に境界が生じる。

同居よりルームシェアねと妻が言う　プライベートルームを一つずつ持ち
この扉　開けないでねと妻が笑む驟雨の音が突如響きぬ
同居離婚なんちゃってねとビアを注ぐ今夜は部屋を訪ねていいかい
一時間　遅れる知らせ　コーヒーの融けた氷をストローで吸う
英語しか話さぬ彼の白き歯よ　妻が主人で私がシェフで

境界を超えるために何らかの条件が必要となった時、私たちはそれを鍵と称する。私たちは許可という名の鍵を入手することによって、その境界を越え、特定の領域に入ることができる。また、特定の領域から出ることができる。

リビングに確かに鍵はないのだが　引力圏外　第三惑星
ボーダーを既存としつつ苔の生す木の扉には　閂《かんぬき》はなく
四度ほど温度の高き境界をいま通過する　脱皮と呼びて
境界性人格障害《ボーダー》の壁を穿ちて陽の融ける窓際に出る　終日の黙

生と死に境界はあるだろうか。膨大な思想の歴史を振り返るまでもなく、それはきっとない。だから死に至る扉もない。死は閉鎖系ではなく、開放系である。

開き戸の扉の重さ　知らぬ間に圧死を遂げたヤモリを見つつ
境界が薄くなりゆく　高齢者不明の知らせ日暮れの屋根に
死は常に融合としてそこにある　花弁を開き蕊に触れつつ
カメムシを掌に置く　核弾頭　つぶやきながら匂いを試す
遠き日の瞑想《イマジン》の声「国境は消えてなくなる」備えはよいか

「壁をとりはらいなさい。」これに類する表現のない啓蒙書は希少であろう。

さあ窓を開けてごらんと窓枠が置かれたままだ　半世紀経つ

新宿ゴールデン街びより

山本かずこ

その日はなぜか　新宿ゴールデン街びよりだった　そんな日があるのかどうかは　しらないけれど　わたしにとっては　その日であった　もうずいぶん行かなくなってひさしいのに　新宿ゴールデン街は　生きていて　わたし（たち）を手招きしている　呼んだのは私だよ　ごめんね　いそがしいのに　その人はそう言った　真紀さんだと　Kは言った　真紀さんがいるはずだからとKは言って　おみせのまえに立ったのだった　ほらね　新宿ゴールデン街に　生きて　そのみせはあった　けれどもはりがみもあった　はりがみには　お知らせがあって　真紀さんの死がお知らせされてあった
　私が呼んだんだよ　ごめんねと真紀さんは言った　なんだかなつかしいね　ついきのうのようでもある　週末には伊藤さんといつも顔をみせてくれたね　あのころがほんとうになつかしい　いまもきこえてくるよ　「真紀さんってほんとうに美少年だったたんですね」　そのあと「美輪明宏みたいに」　私はそれはいつもよけいだとおもった　けれどね

なにかわたしにできることはないかと　おくさんにたずねられて　詩をかいてほしい
そう言った　だって　おくさんは詩人だろう　伊藤さんからおしえてもらったことが
ある　おくさんにかいてもらった詩を　私はあの世にもっていくよ　どんな詩でもいい
よろこんで　みせにあった写真をみて言ったね
「真紀さんってほんとうに美少年だったんですね　美輪明宏みたいに」
ときどきそのこえを思い出したよ　美少年と言われたころの自分を思い出しながらね
呼んだのは　私　柳田真紀　きてくれて　ありがとう　そして　さようならは五つの
ひらがな* よく伊藤さんがうたっていたね

＊「さようならは五つのひらがな」（一九六八年　黒沢明とロス・プリモス　作詞／星野哲郎　作曲／中川博之）は、伊藤秀臣さんがカラオケでよく歌った曲。Ｋは「風の盆恋歌」（一九八九年　石川さゆり　作詞／なかにし礼　作曲／三木たかし）を真紀さんの歌として、「兄弟船」（一九八二年　鳥羽一郎　作詞／星野哲郎　作曲／船村徹）を伊藤さんの歌として覚えた。

特集◆扉、または鍵

あとのゆふぐれ

笹原玉子

知るらめや鳥影の国の鳥の詩《うた》　百年のちの君にわたさう
真夜にして灯火のもとで読まれつぐ百年のちの私の愛書
なにもかも浮力のせヰです半島が朝の手指をつぎつぎ放し
祝福はつねに無言で届けられその足音のつつしみぶかき
あをいろを重ね塗りする足の爪しみとほるやうな夜がきてゐる
桜よりまさる放縦、言の葉が散り敷くごとし業平の庵

奇蹟ならまいにち起きます頂きのちひさき花をゆらしゐる手

思へらく峡に散る花わたしたち死者のやうには饒舌でない

文弱のすゐなる私がくちづさむ「夕月かかりて匂ひ淡し」

はるけしな蝶の古名はゆめみどり如何なるひとの稀なる夢か

うつつでは忘れられたるゆめみどり私のノオトでたゆたふことを

かくばかり先へ先へと急ぐ星いちばんうしろの星に追ひつき

あたらしき謎を連れくる旅のひと肩の鳥は盲目だつた

旅人よおまへがあらたな謎となれ森の梢でさやぐ箴言

ふるさとで綺麗な着物をきて生きる　おほよそのことはあとのゆふぐれ

特集◆扉、または鍵

前後左右上下或は小手術行

堀田季何

もしかして西へ行くこの特急に乗つてゐるのは死にたてばかり

みぎひだり窗なる路を罪人《つみびと》のすすめば曝されとまれば焼かれ

車窗より入りこむ日ざし容赦なしときをり無碍光ときをり業火

目をつよくつむれば冥き夜見にをりあさくつむれば業火のもなか

水葬の遺體錘に沈むごと射干玉の夢はふかき深きへ

羽搏きて水を離《さか》るるたまゆらは水鳥にあらず只只の鳥

＊

長き首曲りにまがりしまひには折れたり夢の白鳥われの

霜月のこれより手術はじまらむ瞼あくれば事をはりけり

痲醉より醒めつつあれば先づ手指そして手首に自由もどりぬ

息吸ふが難し胸鎖乳突筋僧帽筋に力入らで

自力にて痰を吐かむと長き時かけ左へと首を傾げつ

＊

平和園へは向はずや肉叢のいまだ痺れてパクス・ナゴヤーナ

どこまでが季何のからだか例ふれば鼻腔の空氣、胃の中の柿

神に句點打たるる迄の點點と辛酸甘苦嘗めゆかうずる

當らうか　一點透視のホームへと電車擴大してくる咄嗟

特集◆扉、または鍵

成育歴

朽木 祐

理解にはとほい　あそこはこれからの人たちがゐるプラットフォーム
雨の降る予報があつた　あなたとはずつとお喋りしてゐたかつた
かみさまの話を売りに来た人に扉を閉ざす　わざとしづかに
言問はず手を取るときの夕暮れの疚しさひとつふくらむばかり
晴れの日に綿毛ひとつを捕まへる　いけない　こいつ光の種子だ
肋骨を羽ばたかせ飛ぶなんて夢、なんて自由を売る日々だけど

どんな顔してたのだらう恋人に許す権利を許さずに手を

骨の歪んだ傘投げ捨ててあまりにもさくりふあいすをさくりふあいすを

許すから許すからつて両の手で僕の拳をあなたがくるむ

日時計は忘れられても焼かれても朝の光のなかにまた立つ

暗渠へとのろく揉まれてゆく樽のだつかつどつしゆだつかつどつしゆ

き、けり、き。卵の裂け目。き、けり、き。聞けり命を継がない音を

愛さないひとの体を抱くときのほらあのいのち裏切る感じ

恋愛をしてた女のツイートがきらきらしなくなつてけふ夏至

憐みは愛に似てないあぢさゐに無数のひとみ開く梅雨

特集◆扉、または鍵

鍵

玲はる名

扉なき世界みだらに放たれて　排水溝の孤児《みなしご》阿修羅

錬金は母なき命　海のなき地球、発話なき宇宙論

潮風がノイズばかりを拾ふからアンリ・ラ・フォンテーヌの屑籠へ

指といふ鍵を世界に可視化せよ　蜂の巣といふ鍵穴深く

向日葵の種、一斉に胸に湧き弾け朽ちたる肉片の道

千手とは逝つた者らの腕の数　背負ひてまずは海辺へとゆく

薄墨の〈ポスト真実《リアル》〉に癒着して人工知能の處女《をとめ》はうたふ

一発のミサイル咲きて景色から意識へ飛んでゆくパラサイト

経典《うつは》ごとレンジへ入れて電磁波が鞭打つ床を這うガブリエル

あしたには忘れてしまふ　制裁の窓辺に咲いた白詰草を

肥溜めに道ならぬ道現はれて草木であれば葦が好し、われも

傷のない貌《かほ》持つ妻を抱く際《きは》に終末論は書かれただらう

さやうなら蛍火たちよ人々に伝へぬことは聖書にもなし

いくつかの罪も背負へる葦ならば　川辺にそつと膝を抱へて

群生す雀蜂との心中に奇形チャイムのつくづくと鳴る

特集◆扉、または鍵

卵

加部洋祐

わからないまま考へるトイレットペーパーちぎりちぎつて丸め
透明な骨と骨とをぶつけ合ふ音の聞こゆる冬の夕ぞら
横たはるペットボトルの内がはのわづかな水滴《みづ》にやどるうすら日
あかあかとおほきく口はひらかれるにんげんの弱きうち側が見ゆ
掃除することを怠りマスクしてくらしてをりぬ痩せほそりつつ
薄暮の部屋にくらせばオレンジの豆電球のあかりもはくぼ

うす寒き卵の中で鍵だけを握りしめ何年棲みつづけしか
透明な卵の中にとうめいなひよこはねむる惑星《ほし》のなきがら
球面に隠し扉の現はれてしばらくしたら消えてゐました
ログインが出来なくなつたサイトにもぼくのさみしい輪郭映る
冬の夜の家の廊下の暗やみにつつ立ちてをれば尿意兆しぬ
室内の夜の底ひをしんしんと蛾の翅しろく降り明け方へ
眼の乾くまでパソコンを視てをれば朝が言葉の向かうから来る
睡いのに睡れぬ瞳あをぞらはぼくのあしたを塗り潰しつつ
ひろいそらどこまでもひろい春のそら（とくに何も無いな、なにも）

肋骨に雨

二三川練

未来まで諦めるほどのことじゃない　扉がいつも中央にある

＊

考えをのぞくことさえできそうな白いひたいに産毛のそよぐ

多分おなじ淋しさだから正解があるかのような口づけをする

澄みきった潮のように紺碧に晴れわたる夏の大空のように

家にいるときは眼鏡をかけていて少し本気で笑ったりする

こんないい天気のときは誰だって機嫌をよくしていないと悪い

二人とも休みになったスゴロクの休みのうちにお風呂を沸かす

＊

携帯が鳴った気がして目が醒める　まだ四時過ぎでもう一度寝る

兎丸愛美『きっとぜんぶ大丈夫になる』

雨に身をうたせて笑う　乾かざる眼ふたつを虚空へむけて

薔薇を持たざるゆえにくわえる髪の毛のわずかに湿る三日月の夜

そのための涙袋か　肋骨を雨にうたせる音がきこえた

訊き返す必要のない声色の真水のような陰口だった

悪として描かれた悪を思うとき首を立たせて並ぶガーベラ

歯に風をくわえて走る心臓をおおきな月に照らされながら

＊

扉絵は見覚えのある花であり著莪だとわかり著莪だと告げる

空の真下で

砺波 湊

夜桜が見たいと言えば病院の角がいちばんだとみんな言う
ときおりはサイレンのまじる夜の隅　桜並木に寄り添いながら
肩に髪にかすかに触れる花びらは見上げていない枝より届く
筍をもらいに行って聞いている古い映画に描かれた恋を
「カーテンを開けて」と乞われし篠田さんすり足に部屋の中ほどへゆく
奥さんはうすぐもりめいた笑み浮かべ「今日は〈カーテン〉が分からないかも」

陽をうけて明るみ風にふくらんで息づくように揺れている〈それ〉
「どうだい」と見せていただくこの家の鍵にしか見えぬかがやくものを
図鑑でしか見たことのない甲虫に触れるみたいになぞってる、鍵
おじいちゃん面白くなった、と架音《かのん》くんが笑ってうなずき、肯き返す
窓あけて招き入れたるこの風に名前はなくてもいいかもしれず
シナプスよ輝きわたれ町じゅうの手すりもドアのハンドルもみな
敬老館がふれあい館になっていることに気づいた春のおわりに
池に斑の金魚は泳ぎ水面にちいさなツノをつくって沈む
てのひらを経由した水飲んでいるいつ以来かな空の真下で

特集◆扉、または鍵

妻を娶る

西巻　真

妻といふ響きは雷のはかなさだ　ゆつくりと夜が帳を降ろす

抽象としてしか知らぬお互ひの役割をくぐり抜け受け入れる

「寿司を吐いた不幸を吐き出すやうだつた」宴果ててのちきみは言ひをり

出ていけと言はれても出てゆく場所がない　くらやみに鮒浮かび上がり来

母が抜け父が抜け祖母が抜けた家わたしが抜けて朝が始まる

これからはきみと築く家　小手毬の花がしづかに咲き満つる庭

サーカスをひとりで見てたなつかしさもうひとりでは見ないさびしさ

「西巻」の名を継ぐひとがひとり増えた　木々のうるほふ五月だらうか

姓の違ふ母とふたりで結婚の話を　音のない雨が降つてゐる

ファミリーといふ語のファーのやはらかさ朝に思へば朝のみづうみ

まだ知らぬ母の話をきみにする三温糖の封を開けつつ

まばたきはいつでも鳥で生き方はいつでも風で夜の遠足

きみとゆく春の中華街（鳥占をきみは知らない）肉まんふたつ

カーテンのひそかな揺れを知ることを波紋のやうにきみと語りぬ

妻を娶るとは春雪を喰むに似てうつすらと朝は扉を開く

口開けの儀式

小笠原魔土

RS私の手にも渡された扉を持たない真新しい鍵

この鍵にどんな魔法をかけようかどんな扉を与えて行こうか

RS全く扉がない壁の真正面に辿り着きたり

教授でも答えを書けない石壁に私は私の扉をつくる

この壁を貫いた先に見えるのは荒野の向こうの新しい壁

一枚の扉の向こうに見えるのは船を飲み込む狂った海かも

世の中に鍵の数だけ新しい扉が徐々に創られていく

たくさんの言葉が勝手に飛び跳ねるRS《レギュラトリー・サイエンス》の上

私の指が握り締めている鍵は死者の口に合うかも

蘇るエジプトの地で口開けの儀式をこなした遠い過去生が

この鍵の扉が生まれる私たちひとりひとりの命の終わりに

アヌビスの御手が差し出す新しい生命の鍵を渡しに行こう

倫敦の骨董市で手に入れたとうに扉を失った鍵

望むなら扉の記憶を呼び覚まそう訓練中のサイコメトリで

この世には何本の鍵があるのだろう比喩ではなくて実際の話

特集◆扉、または鍵

はちみつ

大西久美子

使ひ捨てマスクを器用にかけてゐるしらまゆみ春の給食当番

すつぽりと被る白衣が消す名前　扉のやうな目と目がならぶ

アルコール消毒をした手で渡す殺菌済みの卵色《らんしょく》トレー

「きみたちも（白衣をぬいで）いらつしやい」名前が戻る一瞬である

スピーカーゆ「剣の舞」の鳴り響く四十人の昼餉の時間

食パンの耳より乾いた校庭に誰かが銀のおさじを投げる

まひるまの風に散りぼふうすいうすい爪よりうすい虚空のさくら
羽のない天使のほそい体だらう半透明のハニーチューブは
握りたるチューブの中のHonig《ホーニッヒ》溶けた琥珀がねつとり動く
統率を考へてゐる教頭のあかねさす日のメラニン食器
ぱさぱさのクーポンパン否コッペパン　OCCUPIED JAPANの時代があつた
埃つぽい陽射しのやうな咳をする定年まぢかのジョージ先生
まんまるな頭をぷいつとねぢ切つてサクラ印のはちみつを塗る
あたたかい陽射しに汗ばむ子どもたち　砂糖の焦げた匂ひをさせて
歯で齧る（乳歯が抜ける）呆然としてゐるきみの手当をしよう

特集◆扉、または鍵

Breath of the Morning

柳原恵津子

朝をやり直すみたいに極上の羽毛みたいに巻くだし巻きを
我は汝の恋の胴元すっぴんで子をお見送りしつつ嘯く
妹の人魚を岸へ送るように君を引く手の何本もあり
子が慕う人と語らう日の朝は信号旗のごとくマニキュアを
博論の目次たてゆくグルーガンでシーグラス貼る潔さにて
「君の事績、もったいない」と呟やきはくだり階段の二段目で

魚《うお》煮つつはたらく女の帰宅待つ生を思いぬ職なき夏に

恋はもういい、とし言えば菜花解く指と菜花の異類婚めく

半分に割りしレタスを漱ぐとき心臓の凛と洗わるる気持ち

先生にお別れの手紙読む役を姉妹揃って受けて来にけり

浮名には一家言あるを娘等の声音にしるき甘ったれ遺伝子

老いらくの夏の畏愛が図書館へ講義へスカートで向かわせる

朝の家事終えて乗りたる快速で論文読まなひったくるごと

木の末《うれ》は幹のいのりに守られて不遜　千里を夢見てそよぐ

ありがとうと明日言うだろう美しくサンドイッチを包み終えたら

特集◆扉、または鍵

虹の橋

井元乙仁

液晶の向こうに進むパスワード知らされずいる業務分掌

想定の訓練なれど我が責務キーパーソンと知る恐ろしさ

嘆願書かかえ巡れば次々とバッチきらきらしてるだけだよ

産道に鍵入れしのち耐えかねて湧出するとき一つなるもの

訪ねては断れるもの営業の鍵は決して諦めぬこと

仕切るため演じることを覚えたり役務は変えるこのわたくしを

冊数 1冊

北冬舎

江田浩司

B0716126356B

扉のない鍵

特集：扉、または鍵。

文藝別人誌

／八木書店

ISBN978-4-903792-63-7 C0095 ¥1000E

1872803000009X

9784903 792637

#01

本体 1000円

受注No.126356
受注日25年07月16日

2001134 *

流れゆく雲あかあかと染めながら沈む太陽空の鍵穴

虹の橋にぎりつつゆく少年が手放す時を穴から見つむ

じゃらじゃらと幾つも腰にぶらさげて販売機あけ閉めてゆく人

吸うために敷地をいでてセブンへと通う頻度の高くなるから

本質をさらしつつある手のひらの黒ボタンから出る電子音

名義貸しばれないように精巧な書面づくりに欠かせないもの

背中へと刺しグリグリと二度右へ回せば吠える金色の獅子

オルゴール鳴っていますか枕辺に君を喪い十年が過ぐ

去る者を追う追い詰める返すべき鍵持ったまま夕暮れたから

「奥田静坐会」だより

菊野恒明

私は、平成十三年の九月に、第一歌集『北の医局』を刊行した。その「あとがき」の冒頭に、「秋田市郊外の精神病院に勤務して十五年になる。見ず知らずのこの地への赴任は必ずしも自分の意にかなったものではなかった。それ以前は、東京・府中の斎藤茂吉ゆかりの病院に約十三年間務めていた。しかし、そのときは短歌との出会いはなかった。」と記したが、この歌集に、

　ドアを開けまたドアを開けわが前を事務職員がワゴン押し行く
　ゆっくりと長き廊下を歩み行く手に提げている一束の鍵

という歌がある。その時、私の行く手には具体的ないくつもの扉があり、私の手には具体的な重たい鍵が握られていた。そして、八年後に出版した第二歌集の『医局の庭』で、こううたった。

　鍵持たぬ精神科医になりたかり隔離室へと女を一人

その後も変わることなく、私の日常には、つまり「常なる日日」には、決して抽象へとは飛翔してゆかない具体的な「鍵と扉」が在り続けている。では、このような私にとって、「扉のない鍵」とはどのようなものなのだろう。「無い扉と存る鍵」との関係はどのようなものなのか。

そこで、私は約六年前に始まった「奥田静坐会」のことを思い出す。

私と「静坐」との出会いは三十二歳、昭和五十六年、「京橋静坐会」であった。熱心に坐った。や

がて東京から秋田へ転勤、そこに二十四年間いたのち、故郷富山県の精神科病院の院長として赴任した。平成二十二年五月のことだ。転居案内に小田原市の岡野氏から懇切な返書が届いた。富山市に行ったのなら北陸電力の新木さんを訪ねてごらんなさい。何かの時には力になって下さるから。私はさっそく新木氏に連絡した。すると、「まずは一緒に坐ろう」と、勤務先の佐々木病院の関連施設の一室で、二人で静坐をすることになった。

　私にとっては二十数年ぶりの、独坐ではない静坐だった。そして、翌年二月、奥田公民館での「奥田静坐会」が発足した。指導は新木氏、補佐は私、世話役は新木氏の秘書の潟田氏だったが、のちに磯崎氏になった。多い日には、八人以上が参集した。奥田公民館は古い建物で、夏は扇風機、冬の暖房は灯油ストーブだったが、平成二十八年九月に新館ができ、冷暖房完備となった。その新奥田公民館で、現在は週に一度、三十分ほどの静坐を行なっている。仲間と一緒に坐り、新木氏の指導が得られること、それは実に具体的な体験だ。それにしても、静坐は奥が深い。つくづく、そう思う。私の心にとって、「奥田静坐会」は「無い扉と存る鍵」との関係である。

球面に静かに坐り浮かびくるを詠う無意識短歌と言えり
コカ・コーラ泡立つ水を口にふくむ短歌手帖に向かいてわれは
りんご味のアイスクリームを食みながら一応短詩の叙事詩を作る
上達のこつは多作という人ありあえて寡作に取り組むわれは
ふるえる手ふるえるあごを抑えむと乾杯せよとの声に従う
わたくしの一日は夜はじまりぬ洗面所にてひげをそりつつ

言葉と文学にできること
――「女の平和　国会ヒューマンチェーン」に参加して

大田美和

扉はない。鍵は心に預けてある。同好の氏とばかり歩くのは、ちょっと退屈だ。直感を信じて、人の誠意に賭けてみる。嫌われても気にしない。ちょっと一緒にやってみようか。面白い、楽しい。そうすると、風景が変わり、心が動く。そうして初めて人も動く。気持ちのいい風が吹いてくる。

かつて同僚だったご縁で、心理学者の横湯園子氏が発案した「女の平和　国会ヒューマンチェーン」という平和運動の呼びかけ人に加わった。電子メールで同僚や友人、知人に参加や支援を呼びかけた。二〇一四年十二月二十五日の記者会見は、私の人生で初めての記者会見登壇となった。私は、定年世代と若者の間に位置する現役世代。何ができるかと考えて、Twitter や Facebook のアカウントを開設し、遠隔地の友人や若い学生や未知の人々の力を借りて、情報拡散の努力をした。できることだけ少しずつ、の平和運動は今も続けている。

それは暮れから正月にかけての初めて尽くしの体験だった。言葉と文学に関わることは、成果主義の社会の中で無用のもののように思われている。私に何ができるだろうか？　言葉と文学にはささやかであってもできることがある。かねてからの思いを、プライドをもって掲げて立ち上がりたい。平和運動は、言葉と文学のための運動ともなっていった。

記者会見に登壇したのは、横湯園子（元中央大学教授・教育心理学）、雨宮処凛（作家・活動家）、藤原真由美（弁護士・日弁連憲法問題対策本部副本部長）、坂本洋子（mネット・民法改正情報ネットワーク）、上原公子（元国立市長）・浅見洋子（詩人）、大田美和（中央大学教授・英文学）、辛淑玉（のりこえねっと共同代表）、司会の杉浦ひとみ（弁護士）の九名（敬称略）。それぞれの立場と経験から、平和への思いを語り、圧巻だった。ことさらに「女性活用」と言わなくても、これだけさまざまな分野ですでに日本の女たちが仕事をしていることを、学生たちにも見せたいような記者会見だった。[1]

記者会見で何を発言したらいいか迷った。記者会見資料の肩書きは「英文学」を研究する大学教員。しかし、文学理論を介して現実社会と接続しようとしている現代の文学研究について語るのは、難しすぎる。言葉として多くの人には届かない。

そこで、〈知らぬ間に殺されたくはないという素朴に根ざすわれに政治は〉と〈泣きながら父が見送りし祖父の忌よ家族史の中に戦争はあり〉の二首を引用した。朝日新聞「朝日歌壇」に三十年前に掲載され、読者に愛唱された短歌だ。私は、法律の専門家でも社会運動家でもない。素人として、戦死者の孫として、さらにはがんのサバイバーとして発言しよう。戦争は、個人のかけがえのない生命と尊厳を踏みにじる国家による暴力であることを語った。そして、七〇年間保ってきた日本国憲法の下の平和の大切さを訴えた。[2]

記者会見では、弁護士、政治家、社会運動家たちのパフォーマンス力に圧倒された。私も授業や学会発表など人前で話すことは多いが、正直なところスピーチよりも、書斎で文章を練り上げ推敲してから紙面に発表するほうが得意だ。口ごもり、言いよどむところに、文学は時空を超える力を密かに蓄える。

力強い言葉や心に響く言葉なら、時間さえもらえれば最高のものが作れる自信がある。しかし、発表の場はほとんどない。文学に出番はないのか？　子どもの頃、言葉と文学に恋して以来、読み、書き、研究し、教育してきた。文学にはささやかなことしかできないことは知っているが、そのささやかなことすら期待されなくなっている状況を何とか変えたいと思った。

二〇一五年一月十七日(土)午後には、七〇〇〇名以上の参加者を得て、国会議事堂周辺には二重三重のヒューマンチェーンが作られた。赤いファッション・アイテムを身につけることで、現政権の進める戦争体制への反対を意思表示した。

「女たちは殺し合いが嫌いです」「集団的自衛権の行使を許しません」「特定秘密保護法反対」「憲法改悪反対」「レッドカード、レッドカード、安部政権」。

シュプレヒコールが十五分おきに四回なされた。私は「こんな日本にするために戦死したんじゃない」と書いた紙を広げた。高知県安芸郡馬路村に住む八十五歳の伯父の言葉だ。

二〇一一年三月、東日本大震災が起こった年の八月、一族再会を喜ぶ酒の席で腹の底から絞り出すように言われたこの言葉。日本三大美林を持つ馬路村が林業を捨て、ゆずの村へと再生するまでの長い道のりを伯父は知っている。農業と酪農によって同じように自立の道を歩んでいた東北の村に降りかかった原子力災害。居住不可能になった村。彼の言葉には、同情と嘆きと憤りがにじみ出ている。

それは、七〇年以上前に戦死した父親（私の祖父）の無念にたくした言葉でもある。「国家のために死んだんじゃない、家族を守るために死んだんだ」。伯父の目は潤んでいた。人の命よりも国家を優先する国に再び日本が変わろうとしていることへの憤りである。

四国から東北に、そして戦時中の日本に向けられた「素人」の想像力。この「素人」の思いと言葉を、歴史的にきちんと意味づけた上で、さらに多くの人に居届けたい。それは、想像力と理性によるトータルな思考をめざす文学研究者であり歌人である、私の役目であるはずだ。

一月十七日は私にとって、初めての街頭活動だったが、これだけたくさんの人がいるのに、あちこちで知り合いに出会った。この日初めて会う人ともなごやかに言葉が交わされた。

　赤は誰にでも似合う色、みんなを温かい気持ちにし、元気を与えてくれる色。さまざまな運動の経験がある人々の知恵と支援と努力のおかげで七〇〇〇人以上の人々が集まり、混乱なく集会を成功させることができた。

「今まで政治に対して物言うことをしなかった私でも、この運動なら参加していいんだと思えた」。友人の言葉だ。組織による動員ではなく、「素人」が自分の意志で集まったことも、この運動の大きな収穫だった。

　この日、四回目の最後のヒューマンチェーンの直前に、本部のある国会議事堂正門前でスピーチの時間をいただいた。マイクを握り、前日に完成した「女の平和」のテーマソング（作曲は長尾圭一郎氏）の説明をして、歌った。呼びかけ人の一人である辛淑玉氏の奔走で、作曲者を得ることができた私の歌だ。歌詞は、詩人の河津聖恵氏の呼びかけに応じて私が『朝鮮学校無償化除外反対アンソロジー』（二〇一〇年）のために作った詩「乾杯——開かれた社会に向けて」の冒頭部「序詞」である。

「弱い者いじめをするな／子どもたちを矢面に立たせるな／親たちとその親たちが／支払うことを怠ってきた過去の負債を／子どもたちの世代にだらだらと背負わせるな／いじめてもいいという公認のしるしを与えるな」。[3]

　平和と人権、子どもたちの未来という点で、朝鮮学校の子どもたちに対する公権力による差別に反対する運動と、「女の平和　国会ヒューマンチェーン」の運動は、私の中でつながっている。

　帰宅後、アップロードされた YouTube の動画で自分のスピーチと歌を見た。せっかくブレザーもインナーも赤で揃えたのに、赤いストールを巻いていたとはいえ、灰色のコートを着たままの姿で歌った私はいかにも野暮ったい。最後まで私は素人だったなあと反省してから、やっと思い出した。

　コートも脱がずリュックも背負ったまま歌ったのは、出番直前まで私の膝にもたれて座っていた三歳ぐらいの女の子のことで頭が一杯だったからだ。万が一、皆が突然動いたら、この子がつぶされる。その前に空いている両手でパッと抱き上げてこの子を守ろうと、私は全身で身構えていた。最後のヒューマンチェーン開始の時間を気にしながら歌い終わり、壇から降りると、女の子の姿は消えていた。あの子は今や全力で守らなければならなくなった「平和」の比喩だ。

　あなたもあなたも来ていたと時の経つほどに同志は
　増えて「女の平和」

注
1記者会見の動画は映画監督の松井久子氏によって撮影され、ダイジェスト版を次のウェブサイトで視聴できる。
https://www.youtube.com/watch?v=cZpqXyzYIMA
2一月十七日の国会正門前での私のスピーチと歌は次のウェブサイトで視聴できる

https://www.youtube.com/watch?v=cZpqXyzYIMA
3この後、作家澤地久枝の仕事と自分の短歌を引用し、「女の平和」の歌を歌って、言葉と歌により聴衆を鼓舞する機会に恵まれた。二〇一六年五月十五日に開催されたイベント「Democracy Strikes Back!!民主主義の逆襲」（於 早稲田大学大隈講堂）である。「安全保障関連法に反対する中央大学有志の会」を代表して登壇し、スピーチした。その映像は次のウェブサイトで視聴できる。
https://www.youtube.com/watch?v=gLOvH7YEZwc

半島につづく扉——丁章詩人に

菜の花の記念館よりにわか雨に打たれて歩く君のカフェまで

住宅地の果てに慎ましく扉ひらく君の営む喫茶美術館

司馬遼太郎が「天爵を感ずる場所」と記した。
「天爵のかがやく」町の一隅を雨上がり淡く夕明かり射す

洞窟と謙遜するも民藝のテーブルと椅子は黒光りして

通名を捨て親の家も捨てて…サラム（人間）として帰宅する

一人一人の孤独の時間をあたためる剋太の絵そして達三の壺

逆勘当したという君の父上の別館はラベンダーの道東

凛として王子のごとき気品あり第四詩集に詩碑と名付けて

小熊賞受賞ならずと告げられて五月闇まで返信をせず

サルプリ舞は厄を払う朝鮮の伝統舞踊
花がこぼれるようにひとすじ汗落ちて舞姫はサルプリを舞い終わる

特集◆扉、または鍵

鍵と鍵穴

生沼義朗

過眠症を抑える 錠《じょう》 となりぬべし起きてすぐ飲むコンサータ18mg

二人口なら食えるとてようように生活を立てるわれら夫婦は

週三日の透析余儀なくされてより障害者手帳を持つ母となる

マンションの入口脇の小さなる公園小暗く沈むがごとし

買い物より帰る途中に立ち止まる野火止用水ほとりのさくら

壊れたる木製の扉ゴミとして捨てられてあり春の日暮れに

ナショナリズムは鍵にはあらず、グローバリゼーションという扉《ドア》壊れても

クールジャパンは鍵か扉か、Perfumeもベビーメタルも鍵か扉か

手土産はさながら鍵のようなもの、水羊羹提げ見舞う一人《いちにん》

宮益坂登るさなかにふり向けば扉をひらくごとき視界は

日曜にまとめて洗濯する妻へ買い求めたり苺大福

季節にはあきらかな扉なけれどもたしかに扉をもう過ぎている

水の上を駆けるがごとき歳月を感じてにわかに老いる壁紙

歳月はここにも滲む　玄関のだんだん回りにくくなるシリンダー

割れ鍋に綴じ蓋という喩もあるが、婚姻はつまり鍵と鍵穴

特集◆扉、または鍵

見えざる扉

江田浩司

もう日は暮れてしまったが
夕ぐれの雲に光りは残り
かなしみは動かなくなった
罅のあることばが
窓の外から聲をかける
やさしいだけではだめなんですよ……
ひとすぢの道　やはらかき夢におちゆく
あしたは天気だらうか

初夏の風がふいてうれしい
風にゆれる木をゆびさし
まなざしを落とすうすら日
青い川はながれ
永遠なる姿　もえるこのいたみは
かへらざる日々のむかうから
見えざる扉を照らす

はかないことばの鍵を
しづかな日常にまはし
わたしは見えざる扉の前で
癒えざる日々をすごす
葡萄のかをり懐かしく
影のなかに蹲るうた
ひとりでゐることに
やがて　おだやかな悦びがうごく

さびしさの重さうつくしく
生きることの意味きえのこり
ふしぎな力がこの鍵にやどる
まだ扉は見えないままなのだが……

＊

手にそっとふれてゐるのはきのうから消えずに残る夕日だらうか
こころへと落ちゆくことば光りたり癒しとせむかまっかな鍵を
かなしみをみづからとして真実をかたちづくれるひとすぢの道

小説

哲学詩／恋愛詩

朽木 祐

　この手紙を受け取った君はまったく意外な気持ちでいることだろう。僕たちはかつて同じ学校に通っていて、在学中に共通の友人を失った。彼女は殺された。早朝の散歩者が偶然に遺体を発見した。森林公園の遊歩道からはずれたあたりの木々の間の風溜まりの朽葉の小さな高まりにうずもれて、爪の先まで真っ白になった手首だけが露出していた。体には刃物の傷がいくつか付けられていて、その一つが心臓につながる静脈を切断していた。警察はいくつかの犯人に繋がりそうな遺留品を押収した。遺体のそばに落ちていた煙草の吸殻が参考に回収され、公園内の池からは傷口に一致する刃物が浚い出された。しかしその他の遺留物は乏しく、そして報道で君も知ってのとおり、犯人は逮捕されなかった。ここまでは周知の事実だ。だが、私の考えている通りなら、君はこの事件の真相を知っており、詳細な事柄を補足できるのではないだろうか。

　思えば、僕も君も、同級生だった年もあったのにほとんど交流がなかった。共通項があるとすれば、世間の目を盗んで煙草を吸っていたこと、彼女と付き合っていた時期があることくらいだろうか。

君はこの殺人に取り返しのつかない責任がある。私にとってこの喪失がどれほど深いものであるのか理解してもらいたい。君にこの小文が届き、罪の意識に何ほどかの重みを上乗せするなら、僕の悲願のいくらかは叶えられたことになる。

　ああ、手紙とは言ったが、物語として私はこれを書いてしまうだろう。かなり読みにくい文章になるだろうが（誰がこれから自ら書く文章がどのようなものになるかわかって書いているのだろう？）君に文句は言う資格はない。殺人者に改悛を迫る文章が流麗であっては堪らないじゃないか。それになんと言っても、これまでの長い長い時間、どうしても僕は君という存在のことを考えざるを得なかったのだから、

　彼女は死んだと知らされたときのことを思い出してもらいたい。テレビで「無言の帰宅」の情景が放送された夜の、君が自分が参加したこともない告別式のことを考えるのだ。静かに構える遺された家族、親戚、かつての同級生たち。嗚咽をこらえきれない者もいるだろう。その中に、弔

問客に紛れ込んでいる自分の姿を想像する。何気ない顔をしながら、被害者の葬列に参加する殺人者の気分で――。だが何も証拠はない、安心して彼女の冥福を祈ることができる、むしろ彼女と親しんでいた側の人間として、此岸に立つ元恋人として。

横たえられた棺の前での焼香はきっと君にとって儀式のハイライトになる。妖精の水浴びを垣間見た神話の狩人のような乱暴さが滾ってくるだろう。なぜなら、棺の中に血の気の失せきって美しく静止した彼女の顔立ちが覗けるから。心臓が動いていたころの姿を蘇らせる化粧――絶望的な試みだが――がされているに違いない。付き合っていたころは、薄化粧の、寒くなるとわずかに薬用のリップクリームを塗るくらいだったから、だから唇などいつ見ても、果肉の色が透ける葡萄のような感じだった。僕に会うとすぐに高潮する頬と一緒に、もぎ取ってとってしまいたくなるような色、いまは君が一息すって吐くごとに遠ざかるばかりの。やがて納棺のときが近づき、皆で生花を棺の中にちりばめる。そして、引きちぎられた花に囲まれたまま彼女は棺ごと焼却され、分解しつつある蛋白質の組織を火で清められ、骨の形をした白い灰質の塊だけが衆目に引き出される。まず下肢の骨たちがいじらしく並んで現れ、ばらばらになった木工細工のような二組の手骨を左右に従えて華奢な腰骨が続き、打ち壊された楽器を連想させる肋骨、そしてさいごに、完璧な対称性を備えた球形の頭骨を、君は見ることになるだろう。君はあつかましく骨拾いにまでに参列する。恋人として近しい者だったのだから当然の義務だと言わんばかりの顔をして。もちろん咎めだてる声は挙がらない。何食わぬ顔で、数百もある中でもっとも愛らしい骨を選び、長い箸で拾い納める代わりに、巧妙な手品で参列者の目を盗んで持ち帰る。鈴のような声に震えていた喉仏の骨とか、ほっそりとした制服の下に腰部にくるまれていた尾骨とかが可愛らしそうだ。人骨の実物なんて見たことが無いから彼女のそれが初見になるけれども、見間違えずに持ち帰れる確信はある。きっと君はそれを愛し続けるだろう。恋人の遺骨を、身勝手に愛し続けるだろう。

自宅までどうにか崩さずに持参したそれに口付けするところまで思い浮かべた瞬間、完璧だった空想が破れる瞬間が

こんなことを私は何度も書きかけては止めている。彼女の不在の時間がどれだけ過ぎただろうか。私はもう正確にその年月を数えることをやめてしまった。

最近、扉の窓から、誰かが外の様子を伺っているような気がする。いろいろなことに興味を持てなくなり、世界の物事もどうやら私をそろそろ放っておくことをやめたのか

もしれないが、どう転んでも退屈しかない。

事件のすぐ後はちょくちょく来た警官も最近は来ることはない。どこかで調べているのかもしれないが、彼女が殺されたと言われている場所と時間には、少なくとも私は、まったく別のところで別の時間をすごしていたのだ。

彼女は最近、夢にも現にも現れるようになった。そしてさまざまな仕方で私をからかう。モルグのようなところで学校の制服を来たまま蒼白な面持ちで横たわっていたときはひどかった。すがり付いて泣いていたら、いきなり起き上がっていたずらに引っかかった私を笑い飛ばし、性的な侮辱を浴びせるのだ。実際、彼女の亡骸を前にして涙で頬をぬらしながらいきり立つペニスをもてあましていた。彼女はさらりと制服を脱ぎすてて誘惑する（蒼白だったはずの肌は薔薇色に紅潮して、さっきまで死んでいた者の体とは到底思えない）のだけれど、夢がそういう流れになるときは決まって彼女を満足させることはできない。夢は役立たずの私をさげすむ罵詈雑言でおわるのだけれど、それはしびれる様な快感をもたらす。生まれたばかりの小動物が母親に舌で全身を嘗め回されているときのような脱力感。

うつつに現れるときは、対照的に、彼女は逃れ続けた。休日に、日が暮れたころの盛り場にいくと彼女はだいたい現れた。けばけばしいネオン、扉が開くたびに吹き出してくるパチンコ玉の衝突音と店内ＢＧＭの洪水、入り混じりあいながら脂と肉の含有を主張するジャンクフードの臭いなどで満たされた昏睡気味の大気を彷徨っていると、どこの町から来たのか、もともとの肌の色も定かではない女の子たちの群れに、ほぼ３０メートルおきに出くわす。その肉体の壁の向こうに、汚泥の中の瑪瑙のように、紺の制服ブレザー、膝丈のスカート、黒髪の後姿が浮かび上がる。原色の看板の避妊具店の軒先を行くその背中を足早に、だが人目にもつかないように追う。黒髪に包まれた頭部が振り返りかえると、とたんに私は何の関係もない人間、たとえば、援助交際の相手に連絡を取ろうとしている中年男を装って携帯電話を覗く。見え見えの尾行には違いないが、彼女は決定的に捲くつもりはなさそうだ。ちらちらと後ろを見返しながら歩調を早めたり緩めたり、立ち止まったり、時には悠然と量販店の店頭で携帯電話を物色するそぶりをしながら、イソップの狐さながらに私をずっと引きずりまわしている。一瞬見失ってから袋小路のようなところの先に入っていくところを見て、不安と安堵に動悸を強くさせながらアーチをくぐると、制服姿はどこにも見当たらない。地べたに腰をぺたりとつけて視線を虚ろに泳がせたティーンエイジャーが袋を口にあてている。短いスカートから突き出した暗褐色の腿に紫色のまだらが浮いていた。機械のようなリズムで袋からシンナーを吸うその子供を呆然と見ていると、後ろから声をかけられる。真っ黒な目の縁取りと付け睫をした子供。また子供。おじさん何？　こいつ買うの？　病気だけどコンドームすれば病気にならないと思うよ？　と言って、肉色の付爪で髪を書き上げた。どこで変わり身をしたのか、それとも、見たものがまったくの幻影だったと思うしかない。


夢にしても現にしても、そのつど、思い知らされることに変わりはなかった。

彼女はここにはいない。

ここは、だが、どこだ？

おそらく、どこでもがここ、だ。

どこにも彼女はいない。


けれどそもそも、彼女は本当にいたのだろうか。私が愛していた彼女は存在したのだろうか？　私だけに彼女の美しさが見えていたのだろうか？　細やかな金色の産毛の生え揃った脛や、襟口から覗く鎖骨が透けて見えそうな皮膚の薄さ、少しの感情の変化も反映させせないではいない眉などなど、全て私にしか見えていなかったのではないか？

彼女はいまこの瞬間、存在しない。

いまこの瞬間とは、だか、いつだ？

いまや、この瞬間とは、いつでもがそうだ。

彼女は永劫にいない。


考え続けよう。彼女は死んだ。殺された。本当は抱きたかった。体と、その体を駆動する心を抱きたかった。誰がその駆動を止めたのか？　私ではない。誰が？　彼女の体に刃物が突き刺さった瞬間を強く思い浮かべる。そうすれば少しでも《君》に近づき、奪われたものを奪い返せるかもしれない。復讐が叶わない以上は。


私は、事件から十年目の彼女の命日に、事件の痕跡などとうのに見当たらなくなった森に向かった。夕暮れの木漏れ日が浸透する森に。

彼女はこの土の上で死んだ。木々がそのときの叫びや呻きを残響させているという空想が浮かぶ。まだ彼女の屍も、流れた血もあたたかいままこの森のどこかに存在し、流れていると。彼女の亡骸をさまざまに想いはしたけれど、ほんとうに見たことなどない以上、むなしい。見ていないからこそ真実から遠ざけられている。私は、決定的な瞬間を人に奪われるくらいなら自分で殺したかったのではないか？　だができなかっただろう、現実の彼女をあまりにも愛していたから。あるいはしただろうか。身勝手な思い込みの行き着くべきところまでいって。

むしろ、そこまで想像し思いつめてこそ愛したことになると、言えはしないか。

いったい君が本当に彼女を殺したのか。どう想像を重ねてもいまだに到達することの出来ない君はどんな男なのか。思い出そうとすればするほど君の顔を思い浮かべることが出来ない、なぜと言って、私の知っている君はこれといった印象も何もない、影の薄い人間だったからだ。どのような男や女が思いのままに人を殺せると？　私にはわからない、どうすればあの決定的な喪失の瞬間に近づける？

殺人者と被殺者の心理に近づくには？　そんなことをしても本当に死の瞬間に近づけないし、近づいたからといって何にもなりはしないのもわかっている。

彼女が殺された土の上に立ち尽くしたまま私は身を硬くする。すでに森の寒気が衣服の内側にしみこんでいる。彼女の亡くなった時刻にはまだ間がある。喪失の瞬間を追体験できるかどうかは殺人のイメージをどれだけ強く築けるかにかかっている。そう、ここですぐにでも再現をすればいい。想像上の私、あるいは《君》が彼女を殺す。誰とも知れない胡乱な犯罪者などではなく、あたかも私であるかのような《君》しかいない、愛しつつ殺せるのは。

《君》が決定的なことをしたこの場所、この地に、どのようにして《君》はどうやって彼女をここに呼び出したのか？　相談相手として、あるいは恋人として呼び出すと言うのは私にはできなかった、その時点で捨てられてしまっていた私には。だが、きっと、彼女と恋人同士だった《君》なら造作もなかったのにちがいない。

その数日前の会話で、彼女は《僕》をもう愛していないと言った。初めてすることをした相手だったのにあっさりと《僕》を捨てたのは体ばかり求める《僕》に不信を抱きそして飽きもしたからで、《君》はそんなことはない。でも、一緒に居ても何かが暖かくないの、干渉しなさすぎは無関心じゃない？　と。そこまで言われて《君》は、甘く寛容な言葉で彼女にこの森にまで誘い出して彼女を自分のものにしてしまう計画を立てたのだ。《君》は言葉巧みに彼女をここに連れてきた。休日でも、森のこのあたりには散歩者さえいない。いっそう奥深くに、逆恨みした《僕》からされた仕打ちを話しながら泣いている彼女をそっと誘導する。ずっと相槌を打ち、くり返しの多い話に少しうんざりしながら、先に彼女を歩かせ、そして、何か決定的に聞こえる一言を言う。

その言葉の大仰さに不吉なものを感じて彼女が振り返ると、そこには高校の同級生で今は付き合っていることになっている彼氏から一転して嫉妬に気も狂わんばかりとなった《君》が刃物を取り出したところだ。逃げ出す彼女を後ろから片手で羽交い絞めにし、肩越しにそれを振り下ろす。そんな姿勢では人を一撃で殺すだけの力が入らないから、一度では足りずに二度、三度、最後には刃を深く埋めるために抉り込むだろう。迸る鮮血、《君》の腕の内で衰弱してゆく抵抗、浅くなりながら幾拍かおきに、かは、と音を立てる呼吸。重力に打ち負かされた彼女は《君》の足下に手足を乱して横たわり、その上に樹木の間から流れ落ちた黄金色の光が蕩けだす。深紅の泉のような穿孔が紅い水を間歇に吹き上げている。この神秘のような泉を掘り当てた第一発見者を名乗る資格は誰に帰属する？　《君》は知っていたか、彼女の体にこんな美しさが秘められていることを。《僕》はずっと知っていた。他の誰も、今は《君》を除いてだが、知らない美だ。今から狼煙を上げよう、この世界中で美しいものを求める全ての狩人たちに彼女をささげなければならない。

《君》はその仕事の前に手を休めるだろう。持っていれば、懐から煙草を取り出して。けれど、《僕》だったならそこで自分の傲慢さに気がつく。なぜなら発見者が《僕》あるいは《君》だとしてもその美を保持するのは《僕》あるいは《君》ではなくて彼女なのだから。だからそうだ、狼煙を上げるのは《　》の仕事ではない。彼女自身が挙げるのがいい。

そのことに気が付いた《　》は赤く染まった手で煙草から灰を叩き落し、微かにわななく唇にそっと差し込む。とうぜん、力を失った唇が煙草を銜えることはなく、しっとり腐敗してゆく土に吸殻が落ちる。象牙色の日光に煙が溶け込むのを見ながらふと耳を澄ますと、とおくの高速道路から響く単調な低音に遮られながら、生命の残余と共に漏出する息の音にいくつかのシブラルが混ざっている。救命作業の姿勢で覆いかぶさるが、聴き取れない。言葉で解決できることの彼岸の音。

《　》は結局最後の息吹らしきものを聴き取っただけだが、却ってそこに満足のようなものを感じるに違いない。そして、唇に寄せた耳に息遣いが感じられなくなり、黄金の光を無際限に享受するようになった瞳に見入れば、まったく新しい避けがたい衝動に駆られ、自らのおののく唇を、色をすっかりなくした唇に押し付けたくなる。リップクリームの無味の粘質にまざる血の味、敗れた食道を駆け上がったらしい血液の鉄臭さを感じてしまったら、《僕》がそれを決して自制できない以上《君》もそうに違いないのだから、彼女の胸乳の谷間の深紅の泉を味わわずにいられないだろう、獲物を見つけた腐肉漁りの獣の獰猛さと蜜を吸う蝶の精密さで泉に踊りかかるだろう。散々に味わいながら、気を失うほどの喜びの中つかのま訝るのだ、いま消え行く命の音を聞き取ったのは誰なのか、この泉を味わっている《　》とは、誰なのかと……。

エッセイ

絣と藍染 —— 衣服の歌

大久保春乃

白絣

夏目漱石の『三四郎』（明治四十一年）に、次のような一節がある。

「髭を濃く生やしている。面長の痩せぎすの、どことなく神主じみた男であった。……男は白地の絣の下に、丁重に白い襦袢を重ねて、紺足袋をはいていた。この服装から推して、三四郎は先方を中学校の教師と鑑定した。」

三四郎が熊本から上京する車中である。ここで出会ったのが、のちに交わりを深くする、第一高等学校の教師、広田先生であった。「白地の絣」、つまり白絣の着物に紺足袋というスタイルは、教師の象徴だったのである。

「学校教育をうけつつある三四郎は、こんな男を見るときっと教師にしてしまう」とも書かれているとおり、学校においては、同じ絣でも、汚れの目立つ「白絣」は教師の仕事着、少々汚れても目立たない「紺絣」は子どもの通学着、という図式が成り立っていた。

明治三十九年（一九〇六）生まれの木俣修は、そんな「白絣」を次のように詠んでいる。

白絣着てきほひたる夏教室眉わかく師に迫りたりしか　『雪前雪後』（昭和五十六年）

大正の終わりから、昭和初期のころだろう。学生でありながら、白絣を着て、夏の教室で、弾けるような思いで教師に迫った往時の出来ごとを、面映ゆい気持ちで回想している。

青春まっただ中、木俣少年が教師に立ち向かうには、また、「きほひたる」という位置まで心を引き上げるためには、「白絣」という戦闘服が必要だったのである。

紺絣

「私は二十歳、高等学校の制帽をかぶり、紺飛白《こんがすり》の着物に袴をはき、学生カバンを肩にかけていた。一人伊豆の旅に出てから四日目のことだった。」

川端康成の『伊豆の踊子』（昭和二年）の冒頭近く、主人公の学生はこのように登場する。紺飛白《こんがすり》とは、紺地に白のかすり模様を織り出した丈夫な綿の生地で、日々の生活に根ざしたなじみ深いものである。

「紺飛白《こんがすり》」という表記が出てきたことから、ここで、「かすり」という文字のことを考えてみたい。今では、多く「絣」が使われるが、「飛白」と書かれることもある。「絣」は糸偏に「并」で、糸を合わせる、並べる、といった意味がある。前もって文様を想定して染め分けた糸（経《たて》糸、緯《よこ》糸、あるいは経緯《たてよこ》両方）を揃えて織ることから、「絣」の文字が用いられたのだろう。それに対して、「飛白」は墨をかすれ書きにした漢字の書体、「飛白《ひはく》」を当てたものという。白が飛び飛びに現れるかすり模様を、視覚的に捉えている。

つまり、「絣」は織りの技法から、「飛白」は生地の見た目から生まれた文字だが、どちらも、音は「かすり」である。かすったような文様であることから、この名がついたというからおもしろい。

『伊豆の踊子』の学生の着物は「紺飛白」であった。こう書かれると、読者の目には、紺地に白のかすり模様が瞬時に浮かび、すがすがしい風に吹かれたような気持ちになる。川端はそんなことも考えて、「紺飛白」の文字を選択したのかもしれない。

話をもとにもどすと、紺絣は特に若者の日常着として、子どもから青年の着物に広く用いられる、定番の生地であった。

飯田龍太の有名な俳句に、

紺絣春月重く出でしかな　『百戸の谿』(昭和二十九年)

がある。紺絣に、ぽったりと重たげな春の月が配された。この句について、川名大は、その著書『現代俳句』(平成十三年)の中で、「紺絣の着物は飯田龍太ら、大正生まれのいわゆる戦後派俳人の日常生活と結びついており、最もふさわしい。春の夕べ、紺絣に帯をゆったりと締めて佇めば……思いはおのずと幼少年期へとつながっている。」と述べている。

飯田龍太より五歳年長の、大正四年(一九一五)生まれの岡部桂一郎に、紺絣を詠った次のような歌がある。

あいうえお　またかきくけこ佇める紺の絣の少年いずこ
『竹叢』(平成十九年)

絣着て吃りあわわの三太郎われに良き友　竹馬に乗る
『一点鐘』(平成十四年)

岡部にとっても、紺絣は少年時代の象徴であった。掲出歌の二首目は「絣」としか書かれていないが、竹馬の友、三太郎の着物であれば、これもおそらく紺絣だろう。

さらに紺絣は、大人の日常着や、畑仕事や山仕事をこなす労働着としても、多く用いられていた。木俣修に、次のような歌がある。

家守《いへもり》の妻に買ふべく紺にほふ備後絣を夜《よは》の街に選《よ》る
『愛染無限』(昭和四十九年)

匂ふがの紺のかすりの畑着《はたけぎ》の山のをとめの道をみちびく
『谷汲』(昭和六十年)

一首目は昭和四十一年(一九六六)、広島での作である。広島県福山市の「備後絣」は、九州の「久留米絣」、愛媛県松山市の「伊予絣」とともに、三大絣とも呼ばれている。久留米絣には、松竹梅、鶴亀、鯉等々の模様織りがあり、その影響を受けて生まれたとされる伊予絣にも、やわらかく絵画的な模様が多い。それに対して、備後絣はより素朴な印象である。

井伏鱒二の小説『木靴《サボ》の山』(昭和三十四年)に備後絣の行商人が登場するが、その売り言葉は、次のようであった。

「絣の生命は柄行です。菱、霰、井桁、牡丹、十字、縞、この六種類を、組合わせたり花模様につないだりして、時代の嗜好、流れを加味してつくるのです。現在、備後絣だけでも、数は三千柄以上あると言われています。……新柄の考案についてはメーカーたちはみんな必死です」。幾何学的な絣模様だが、その組合せには職人の心血が注がれていたことがわかる。

日常、気軽に袖を通す普段着か、あるいはちょっとした街着、といった感覚の備後絣である。掲出歌を詠んだときの木俣は六十代後半である。旅先で老妻のために選んだ一反は、どのような柄ゆきだったのだろう。

旅先で妻のために生地を選ぶといえば、斎藤茂吉の次の歌が思い出される。

廻廊の街ゆきしかばくれなゐの天鵞絨《びろうど》買ひたり妻が著むため　『遍歴』（昭和二十三年）

欧州留学から帰国の途上、大正十三年（一九二四）の十月に、イタリアのトリノで詠まれた歌である。茂吉四十二歳、十三歳年下の妻は二十九歳。いまだ二十代とはいえ、「くれなゐの天鵞絨」とはいかにも大胆で、さすがに輝子夫人のイメージにぴったりであると感心する思いで、強く印象に残った。

話を戻して、掲出の二首目である。『谷汲』は木俣の没後、全歌集に初めて収められた「未刊歌集」で、収録歌の制作年は昭和四十四年（一九六九）の夏から四十五年（一九七〇）である。紺絣に身を包んだ若い女性の飾らない美しさが、山あいの風景にしっくりと溶け込んでいる。その背に導かれて山道を踏んでゆけば、足取りも軽くなる。

そうした心弾みまで伝えているのが、初句の「匂ふがの」である。これは、もちろん「紺」に掛かって、匂い立つように鮮やかな紺、くっきりと美しい紺の色を表しているのだが、同時に、それをまとった女性の美しさにも掛かっているだろう。

藍染め

五味保義に次のような歌がある。

ひた悩む弟の背をさすりつつ着物の紺の手に染みにけり

弟が着ているのは、子どもらしい藍染めの着物である。「着物の紺」とあるだけで詳細はわからないが、あるいは紺絣かもしれない。藍には防虫効果もあることから、広く日常着として重宝された。

この歌は五味の第二歌集『島山』（昭和二十二年）の「後記」に登場する。大正九年（一九二〇）、二十歳のとき、五味は初めて「歌を見て頂」くために島木赤彦の家を訪ねた。そのとき持参したうちの一首が、右の歌であったという。しかし、赤彦は「アララギに出してよいとは言は」ず、それ以来、五味は休暇帰省のたびに赤彦に指導を受けるようになる。五味の「アララギ」入会はそれから三年後、しかも「到頭……先生に無断で」の入会・投稿であったというから、現代では考えられない厳しさだ。その後、「アララギ」に、いわば人生を捧げ、晩年は長病みに苦しみながら作歌を続けた五味の生涯を思うと、いたましいような気持ちになる。

そうした経緯はさておき、ここで注目したいのは、「着物の紺の手に染みにけり」である。藍は、天然染料の中では染色堅牢度が高いとはいえ、どうしても色落ちがする。

「ひた悩む弟の背」は汗ばんで、それをさする兄の掌も、しだいに熱を帯びる。兄弟の気持ちが高まるほどに、兄の掌は紺色に染まっていったのだろう。

　藍を用いて紺色の布を染める職人のことを、紺屋と呼ぶ。他人にばかりかまけて、自分に手のまわらないことを「紺屋の白袴」という、あの紺屋である。

　北原白秋の詩、「紺屋のおろく」（『思ひ出』明治四十四年）は次のように始まる。

　「にくいあん畜生は紺屋《こうや》のおろく、／猫を擁《かか》へて夕日の浜を／知らぬ顔して、しやなしやなと。／／にくいあん畜生は筑前しぼり、／華奢な指さき濃青に染めて、／金の指輪もちらちらと」

　藍甕に日々手を染めているおろくである。その細い指先は「濃青」に染まり、むしろ艶である。

　久世光彦は『花筐　帝都の詩人たち』（平成十三年）の中で、白秋のこの詩を取り上げ、それに関連して、自らが子ども時代を過ごした東京阿佐ヶ谷界隈の町並を回想している。昭和十年（一九三五）生まれの久世は、疎開も含めて五回転校したそうだが、戦前には、どの町にも、帽子屋があり、紺屋があり、和服の背や袖に家紋を入れる定紋《じょうもん》屋（紋屋）があったという。紺屋について、久世は次のように記している。

　「紺屋の息子は、傍へ寄ると酸っぱい匂いがした。染料に酢を混ぜるからだと彼は言っていたが、ほんとうだろうか。その子の家に遊びにいったことはなかったが、父兄会にきた母親の手首から先は、指の間や爪の縁に乾いた藍がこびりついていて、すれ違ったとき、やっぱり酸っぱい匂いがした。」

　酢（酢酸）は古来、藍の色止めに用いられてきた。現代でも、藍で染められた剣道の道着が剣士の肌を染めることは知られているが、そんな道着を家庭で洗濯するときは、色止めのため、酢と塩を入れた水に浸けておく。藍染めの布はときとして酸っぱい匂いを放ち、色落ち・色移りもいなめないのである。

　こうしたことをふまえたうえで、先に掲げた木俣修の歌、「匂ふがの紺のかすりの畑着《はたけぎ》の山のをとめの道をみちびく」を読み返してみる。すると、「匂ふがの」の冠された「紺のかすり」から伝わってくるのは、色の持つ美しさばかりではなく、藍染めの放つ独特の匂いであり、畑仕事にいそしむ乙女の肌にしっとりとまつわるような木綿の感触であり、汗とないまぜになった藍が色移りしながらかもしだす、健康的なエロティシズムでもあると言えるだろう。

　藍染めの布には、現代の私たちがいつのまにか忘れている、よく言えば豊かな自然の風合いが、悪く言えばやや扱い難い、特有の癖がある。

　最後に、安永蕗子の渾身の藍の歌を一首引いておきたい。

　藍はわが想ひの潮《うしほ》さしのぼる月中の藍とふべくもなし

　　　　　　　　　　　　　『藍月』（昭和五十七年）

評論

石井辰彦論へ至るための序章

江田浩司

私は短歌の創作に、これまで何を求めてきたのだろうか。創作に関する私の内省は、真にクリティカルな意味を見いだせないまま、思考の表層を未だにさ迷い続けているのであろうか。

創作において、真にクリティカルな意味を見いだすためには、創作が内在する不安に耐えなければならない。希望と不安が表裏している危機《クライシス》が、創作そのものの本質を跡づけてゆく。短歌の形式を借りて象徴化される創作は、「私」に従うのではなく、「詩」を希求する言葉に従いつつ、その危機《クライシス》を具現化してゆくのである。

短歌によって未だ見ない「詩」の風景を実現すること、これが歌人の目的の一つであると私は思っている。そのような表現への意欲をなくしたところに、私は短歌を創作する意味を失うだろう。また、その意欲を失いかけている自己に思い至るとき、私は短歌創作の原点に立ち返らなければならない。

石井辰彦の短歌を初めて読んだのは、東京書店で偶然手に取った『バスハウス』（一九九四年七月　書肆山田刊）であった。私は美しい装丁に魅了されるままに本を開き、それが詩集ではなく歌集であったことに驚きを隠せなかった。私はそれまで、石井辰彦という歌人が存在することを知らなかった。だが、『バスハウス』の短歌を一瞥して以来、石井の創作から目を離すことができなくなった。石井には短歌創作への強固な意志と自覚があり、そこに創作への迷いは見いだし得ないように思われた。私は石井の短歌の聲が内在する批評性に惹きつけられ、真にクリティカルな創作の聲を、石井の短歌から聴き取ろうと耳を澄ましたのである。

一九七三年、石井は二十歳のときに、「七竈」五十首で現代短歌大系新人賞を受賞し、歌人としてのデビューを飾る。この賞は『現代短歌大系』（三一書房刊）の発刊を記念して創設されたもので、一回限りの賞である。選考委員は、編集長の中井英夫、塚本邦雄、大岡信の三名。「選考座談会」で中井と塚本は「七竈」を絶賛し、大岡は表現のあまりの多彩さに警戒心を持って臨むが、最後には表現の可能性を強く感じている。中でも中井の発言、「まるで冥府から釋迢空と三島由紀夫が相談して送ってよこしたようで、この作品に出会えたっていうことは、なんともうれしくて、……。これまで寺山修司、春日井建、塚本邦雄の歌をはじめて見たときと、同質の喜びですね。」（『現代短歌大系11』一九七三年六月刊収録）が特に印象に深い。中井の讃辞は、石井の短歌に出会えた嬉びに充ち、石井の短歌が中井の短歌観に合致した固有な世界として、完成の域に達していることを示している。

「七竈」の冒頭の五首を、次に引用してみたい。

神掛けて實も葉も赤き七竈《ナナカマド》心を見せむやまとことのは
蕗のたう今日萌え出でよ艶やかにかのまれびとのつよき土産に
花ざかりの畑《はた》にしあれば雲雀あがり水晶の降る喜びの降る
牡丹咲く不思議の肉は戦《をのの》きて男《を》の魂《たま》聳ゆ塔の如くに
麻の葉の浅き藍なる朝に日《け》に干せる襁褓《むつき》に春風ぞ吹く

これらの歌は、作歌一年の石井が、自己の文学観に依拠した短歌世界を既に確立していることを思わせる。また、中井が迢空と三島のことに言及した理由を類推させる語彙の選択と言葉の構成にもとづいた、歌の調べが印象的である。「七竈」の構成力に関しては、三人の評者が共通して高く評価しており、石井はデビュー作にして、短歌の天才青年現るという讃辞に迎えられたと言えるだろう。

それ以後、現在に至るまで、石井は一度も短歌結社に所属することなく、短歌による一行詩の独自の表現世界を追求しつづけている。また、歌壇や歌人からは一定の距離を置きつつ、詩人や俳人、小説家、評論家、デザイナー、音楽家など、他ジャンルの創作者との交流が幅広い稀有な歌人でもある。

石井の短歌は、古今東西の文学、芸術、哲学などを数多く引用し、アリュージョンを駆使して、知性と教養を内包したテクストを構成してゆく。また、句読点や空白、多言語の駆使、言葉のパフォーマティブな構成、連作の緻密な配置など、細密な修辞的工夫を凝らして、短歌の韻律が生み出す音楽性に注視したテクストを追及している。

石井が短歌とそうではないものの境界を、どこに置いているのかは興味深い。また、基本的には五句三十一音とそのヴァリエーションによって構成される歌集が、歌集という意味のまま、真の詩集としての生命を得るために、何が必要であると考えているのかも気になる。

石井は評論集『現代詩としての短歌』に、次のように記している。「実験的であることによって真に伝統的である文学……。これこそが私たちが求める理想の短歌像にほかならない。私たちは、実験的であることによって真に伝統的である歌人とならねばならないのだ」。石井の言葉の正当性は、和歌の伝統の本質そのものが示しているだろう。また、松尾芭蕉の言葉、「不易流行」が、石井の正当性を一語で言い当ててもいる。

芭蕉の言葉は、一見「不易」に重きが置かれているようで、その核心は「流行」の方にある。芭蕉は和歌の伝統が内在する「詩」の本質を継承し、生涯をかけて真の「新しさ」を求めて俳諧の実験を続けた人であった。芭蕉が俳人であるために、自己の創作に一切の関係を持たない、という歌人がもしもいたとするならば、その人は「詩」の創作者ではないと、私には思われるのである。歌人の玉城徹は、芭蕉の創作の真の意味に自覚的でありつつ、芭蕉と生涯格闘した人である。玉城は晩年の『左岸だより』に、「『芭蕉以後の短歌』つまり芭蕉の洗礼を一度受けた短歌でなければ、作る意味がないと思われたのです」と記している。短歌表現の実験を生涯続けた玉城は、芭蕉の「不易流行」の本質を理解した歌人であり、石井の先の言葉にいう「真に伝統的である歌人」である。

　短歌とそうではないものの境界、その境界自体は創作の実験の結果として創造されてゆく。そして、短歌が真の詩としての生命を得るためには、短歌の歴史が内在する正統性に根を置く、あくなき創作実験に没入するしかない。

　「正統を知らぬ伝統の横着さ。」と「雄鶏日記」に記した新興俳句の鬼才、富澤赤黄男は、アフォリズム集「クロノスの舌」に、次のように記している。

> 詩は〈完成〉を希求ひながら、しかも、みづから〈完成〉を拒否しつづける——この根源的な矛盾が、われわれを詩に趨かしめる。（中略）
>
> 　詩人は、自己の《詩》によつて、自己の〈限界〉を超えようとする悲願の中に生きるほかはない。詩人とは、つひに永遠に〈実験するもの〉でしかないのではないか。詩のもつ〈空間〉は、つねにまた《詩》によつて極度に〈充塡〉された〈空間〉である——詩の、〈書かれない〉部分が背負つてゐる〈重量《ポリウム》〉を思ふ。俳句をのりこえた俳句をめざして……

　私は赤黄男の先の言葉を、自己の創作における護符のように思っているが、石井も共感するところがあるのではないだろうか。

　短歌によるあくなき表現の実験という意味において、岡井隆の右に出るものはいないだろう。また、「真に伝統的である歌人」という意味においても、岡井の名を逸することはできない。それゆえ、石井の岡井へのリスペクトが何に依拠しており、その本質が何かを考えることには意味がある。だが、石井のテクストを論ずる上でより重要な問題は、両者のテクストの表現の差異に注視することであろう。例えば、小林秀雄の「ベルグソン論」の次の言葉を、両者のテクストの前に置くとき、そこに浮上してくる風景からは、いかなる差異が見えてくるのだろうか……。それは、短歌の表現論の根幹に関わるものでもある。

> 生は再構成出来ない。ただ見る事の出来る人に、見られるだけだ。詩的想像力とは、現実《レアリテ》の、一層完全なヴィジョン以外のものではあり得ない。（中略）
>
> 　モーパッサンの文は、随筆風に書かれ、理を尽くさぬ文であるが、言わんとしているところは、ベルグソンの言うことと結局同じなのである。優れたレアリストとは、イリュージョニスト、つまり、「現実のイリュージョン」を、現実そのものより完全なイリュージョンを読者に見せる事が出来る人間だ、というのが、モーパッサンの考えだからだ。
>
> 『感想』

　また、短歌創作における「無意識」に関する問題を、両者のテクストに対置するのも興味深い。そこから浮上する両者の違いも、短歌表現の根幹に抵触するはずである。それは、私自身の創作に向けても、重要な示唆を与えてくれるだろう。

　現代短歌大系新人賞による石井の華々しいデビューから、四十五年の歳月が過ぎようとしている。石井は第一歌集『七竈』（一九八二年九月　深夜叢書社刊）から、最新歌集『逸げて來る羔羊』（二〇一六年七月　書肆山田刊）まで、多彩な表現を駆使し問題歌集を創り続けてきた。しかし、石井の歌集がこれまでに、正当な評価を受けてきたとは到底思えない。石井の歌集への評価を顧みるとき、表向きは歌集のみを評価の対象にするように見せながら、創作者の出自や所属によって評価を下しているという疑念を抱かせる。誰の歌集であれ、テクストのみに向き合って評価することに、異を唱える者はいないだろう。だが、実際の顕彰や批評の場においては、歌集だけを評価の対象にするという美辞に隠蔽された、権力の行使が行われてはいないだろうか。顕彰と権力の結びつきを、自明のものとして歌壇があるのならば、これほど文学の精神から遠いものはない。また、石井の歌集を批評する言葉を、歌壇の中心にいる歌人が持ち得ないのならば、それはなぜなのかと率直に問いたい。私は石井の活躍の場が、歌壇に与えられていない現状を、短歌の損失以外の何ものでもないと思っている。

石井の歌集を論じた批評の中で、私の印象に残っているものに、東郷雄二が「橄欖追放」（二〇〇七年三月）で、『全人類が老いた夜』（二〇〇四年十月　書肆山田刊）を取り上げた批評がある。この文章における東郷の結論は、石井の創作への厳しい批判によって結ばれている。石井の実験は、「20世紀において現代詩や現代音楽で試みられた手法の借用」であり、「現代詩がその試みの果てに吃音的な袋小路状況に陥ったこと、また現代音楽が調性を解体して無調音楽となりいつのまにか溶解したことを見ると、果して石井の試みが豊かな果実を生み出すのかどうか、考え込んでしまう」というのである。また、石井は「『短歌は一行の詩である』と繰り返している。ほんとうにそうだろうか」と、その断定にも疑問を呈している。

はたして東郷の批判が当たっているのかどうか、この点について、私はここに自己の見解を述べるつもりはない。それは、今後の「石井辰彦論」の展開によって示してゆく。私が尊く思うのは、歌人ではない東郷が、石井の歌集に直に向き合い、自己の芸術観に照らして率直な感想を書き記した批評者としての姿勢である。批評は相手との人間関係や自己に向けられる批判のリスクを顧みるとき、無害な感想に終わってしまう。石井もまた、自己に向けられる批判のリスクを恐れない批評者であり、東郷の批判を受け入れることはないだろうが、真の批評は、このような批評態度を基盤としてしか生まれ得ない。そして、テクストをめぐる真の論争も、そのような前提がなければ実現はしないのである。

自己の利益を顧み、権威に阿ることは言うまでもなく、権威が文学の価値を代表していると錯視させる歪な構造ほど、反文学的なものはないだろう。文学表現の本質に内在する反抗や批判精神は、権威の構造に向けられるものである。いかなる付帯事項も、テクストの前ではいったん無効にされなければ、真の批評は生まれない。私は石井辰彦のテクストを論じるのに先立ち、自らを強く戒めなければならない。短歌表現によって私は何をなすべきなのか、「石井辰彦論」は、その答えを探究し、また、探求する旅でもある。

加部洋祐歌集『亞天使』をめぐる「闘論会」ライブ版

2016年2月20日（土）於＝貸会議室プラザ八重洲北口

基調報告者　加藤英彦　石川美南　江田浩司　依田仁美　生沼義朗（司会）
出席者　高木佳子　徳高博子　原詩夏至　天草季紅　石川幸雄　北神照美
葛原りょう　安井高志　柳下和久　長谷川と茂古　宮本美津江
玲はる名　大西久美子　西野りーあ　さいかち真　（発言順）

生沼義朗　本日は、お忙しい中、加部洋祐第一歌集『亞天使』をめぐる「闘論会」にお集まりいただきまして、誠にありがとうございます。

加部洋祐　本日はありがとうございます。加部洋祐です。今日は忌憚のないご意見をうかがうことができればと思います。

生沼　この歌集自体が、お世辞にもお行儀のいい歌集ではありませんので、この会も行儀良くしようとは司会者は思っておりません。みなさんから積極的なご発言をいただければと思います。この会は、「闘論会」という、あまり耳慣れない名称でありますので、会の進行につきまして、簡単にご説明させていただきます。通常の歌集の「批評会」ですと、まずパネリストがパネルをやりまして、そのあと会場のみなさまから、順次、ご発言をいただく形になるんですけれど、この「闘論会」では、「呼び掛け人」によります「基調報告」と、ご出席のみなさまからのご発言を「パート」に分けて、交互にいただく形をとりまして、最終的には、会場一体となった「闘論」ができればいいと思っています。それでは、加藤英彦さん、「基調報告」をお願いします。

加藤英彦　この歌集自体、生沼さんからもお話がありましたが、歌集としてお行儀がよくないですね。衝撃力がとてもあります。一冊として、力があり、異色だと思いました。ボキャブラリーが、言葉に対する感覚が、好みで言うと、私の好みに近いので、親和性というか、読者の一人として、自分自身の嗜好も含めて、重ねて読んでいきました。では、作品を見ていきますと、「資料」に「★統御できない自我」と書きましたが、そういった違和感は、ほかの方も挙げていますが、

お日さまの軌跡を追ひしぼくの眼の裏より出づる白

いヒマハリ

という歌や、その次に挙げた「もうなにもかんがへなくていいらしい首から上はあぢさゐの花」もそうですが、そういった異物に対する親和性のようなものがあります。、統御できない自分自身が、アンビバレントなものが表出されているという気がしています。その次の2首は、ある種の語呂合わせですね、意味を脱臼していくというか。

きりぎりす錐もて霧を穿つべく鳴くや斬り殺さるる麒麟児

その次の歌も、「ソドムいづこにありや」としか言っていない。あとはみんな、ただの「あいうえおかきくけこ」で、そういう、ある種の遊戯性なんですけれども、この中には、やはり鬱屈したものがあるのだろうということです。

それから、三番目のグループで、「★存在の乱流」と書きましたが、昔、森雅裕という歌人がいまして、「カオス」のことを「乱流」と言いましたが、流れが混じり合うところですね。気流が混じり合うところなんかもそうですが、そういう、自分の中で統一されない自我と言いますか、そういったものがここにもあります。たとえば、「警官に土下座して泣いているぼく」がいて、そのぼくの顔に、さらに「押し潰されているタンポポ」があります。作者の視点は、この「タンポポ」のほうに行っているんですね。「自分の顔に押し潰されるタンポポ」です。その次の「リア充」というのは、「リアルに充実組」という、現実に充足をしている「現実肯定論」のようなものを、「全員殺す」という、そういうメッセージ性の強い言葉が出てきます。「鶏の首絞むるがに」の「がに」は、「絞める」でよいのではないかと思います。その次の、「おぞましき国の番犬警察は」の歌は、「警察」を「国の番犬」というのは、あまりにも通俗ではないでしょうか。それを「保健所送り」には、たぶん殺処分にするのだろうな、といった内面の激しさと言いますか、そういうものが出ています。

その次の、「★世界と反世界」もそうですが、「レジュメ」に「(不能犯・嗜虐・自死)」と書きましたが、「議事堂に万の地雷の種」を蒔いて、結局、これは「花ひらく」ですから、殺傷までは行かなそうなんですね。そこで、「縊死」(自死)が出てきます。その次の「蟻さんをぷちぷち潰す」も、ある種の「嗜虐性」なんですけれども、それを「見守る父親」という対比の中で描いている。「眼鼻耳口」という歌は、大きなアドバルーンか何かなんでしょうけれども、「貼られて」いるものなんですね。その球体が叫ぶわけです、「大好き!」って。こういった加部さんの眼の届かせ方のはおもしろいなと思います。次の「ビルディング」の歌もそうですね。

ビルディング穹にそびえて夏近し鶴が飛び降り自殺しました

こういった、加部さんの感覚は、かなり信頼ができるところがあって、この一冊は、とてもおもしろく読ませていただきました。

もう一方で、ここはすこしどうかなというところがありました。いくつか、いじめとか、暴力に関わるものなんですが、次の、

　　いつまでも笑つてゐたい輪になりてクラスメイトを
　　蹴るもつと蹴る

という歌の、「いつまでも笑つてゐたい」というのは、僕も子供時代はいじめられていた側にいたので、いじめられる側がいじめられている自分を認めないで、加害者にすり寄っていって、ほんとうは笑っていないんですが、笑っている、そういう被害者心理があって、輪になって、クラスメイトが「蹴るもつと蹴る」というんですね。これは、ある種の社会現象としてのいじめの復元でしかないな、という気がします。いろいろなニュースや情報で知っているいじめの現状を、言葉のうえで、ここで復元をしているだけではないんでしょうか。現実に対する後追い短歌から出ていないのではないかという気がします。

それから、その次の、「Kさんが転校するまでいぢめた」僕がいて、その僕をいじめた「Iくん」や「その他」がいるわけですね。これも、ある種のいじめの円環的な構造を復元しています。この歌は、構造的なものを登場させてしまったために、いじめられているKさんの表情が消されているし、いじめている僕も、もう一方で被害者であるという、もちろん現実には、そういうことは往々にしてあるんですが、そこに一首を回収してしまったために、いじめられているKさんなり、僕なりが消えてしまっています。いじめている僕も消えてしまっています。そうではなくて、もっと、Kさんの痛みとか、僕の可逆性の内実とかに視点が行かなくてはいけなかったのではないでしょうか。

もう一点、「★この「われ」は何ものであるか？」という点ですけれど、歌としては理解できますが、次の、

　　この年も常に目覚めて愚民らの首を刎ねずにわが腸
　　を断つ

という歌では、「首を刎ねる立場」にいるんですね、「われ」は。この「愚民」であるとか、その次の歌の「二十一世紀一般市民が生殖器撫で合ふ図」の「一般市民」とか、その次の「労働者階級ですらなきぼくが」とか、これらの歌は階級意識の中でものを捉えようとしています。このときの、「愚民」とか、「一般市民」とか、「労働者階級」と呼んでいる「われ」は、いったい何者なのか、ということですね。それは、「一般市民」ですらない、「労働者」ですらない、ある種の階級とか、観念とかの中で捉えてしまうことに対する危険を感じているということです。そういう意味で行くと、「スターリン」とか、「国連」とか、「極右、極左」という言葉が出てきますが、これらの言葉は、はたしてどの程度の内実を伴って、作者の中で練りこまれたのかというところが、僕としては疑問があるんです。ちょっとした雰囲気で言葉に寄りかかってしまっているのではないか、あるいは観念としての言葉で一首に収めてしまっているのではないか、という疑問が残ります。

生沼　ありがとうございました。それでは、石川美南さん、お願いいたします。

石川美南　私の「レジュメ」で、「星印」をつけてあるのは、特に好きな歌です。それ以外は、好き嫌いに関わらず、特徴的な歌を挙げています。「■印」をした「一、二、五」の歌が全体のテーマに寄ったもので、三つ目、四つ目が、

構造とか、文体寄りの話になりますが、それぞれ関連しあっている問題ではないかと思います。

まず、「■露悪――露わな悪」ということについてですが、いまの加藤さんのお話もそうでしたが、たぶん、ほかのみなさんも思ったと思いますけれども、悪の書き方が露わですね。たとえば、26ページの、

キリストがトマトを食せば天皇もトマトを食して下痢気味のぼく

という歌ですが、これは、「キリスト」や「天皇」という、ある種の聖なるものから、「下痢」という、思いきり「俗」なもののほうに落としています。それから、言葉としても「食せば」という古語で、最近の短歌ではあまり使われなくなっている、雅語に近くなっている言葉から、「下痢気味のぼく」という口語のほうに落としています。こういうふうに、聖なるものから俗なほうに落としていくことが明確になされている歌が、さきほどの「クラスメート」の歌でもそうですね。それから、次の、

白昼の光に塞ぎ込む部屋を引越せどつぎの部屋も白昼

の「白」や、「うばたまのタール」の「黒」や、「赤」、かなりはっきりした色を、歌の中に使っています。これは、言葉としての「白」とか、「黒」で、イメージとして色を出してくるということになると思うんですけれども、比喩ということを考えたときにも、同じようなことが言えるんじゃないかな。それはどういうことかというと、喩の曖昧さとか、ものの意味を確定しないで歌の中に残すということが、ほとんどないような感じがするんですね。加部さんの中で、あるものの意味を、ある程度、確定させた時点で、短歌の言葉に定着させているんですね。基本的には、歌の意味とか、意図の部分が、かなり明確で、「悪意の所在」というものがわかりやすいというふうに思います。ですので、読者としては、作者のコントロールまで読み筋を決めていくような、そういう歌のタイプだなと思いました。

あとの二首ですけれど、歌集の中では、どちらかというと少数派で、作者のコントロールみたいなものが明確じゃない感じがして、むしろ私は、こちらの歌のほうが自分としてはシンパシーを持っています。

神様が回せばさくら散るぼくの地球儀にまだあるなり ソ連

これは、神様が地球を回すというのと、自分の手元の地球儀が回っているというのがだまし絵のように連関しあっていて、地球儀の中にも桜が散っているような不思議な構造があるんですけれども、そういうだまし絵のような言葉運びが、最後に「ソ連」という言葉に着地するんですね。「ソ連」という国自体も、ある種のだまし絵的な国の在り方というんでしょうか、そこのところが、すごくうまく着地していると同時に、イメージが歌の中で増幅するというか、そういうところがほかの人とは似ていないところで、おもしろいと思います。それから、その次の

水の出ぬ蛇口の下にいく日も洗ひあふ手と手がありけり、と

これは、最後の「と」の余韻みたいなものが、結論を出

しているようで出していなくて、何だろう、というところで収めているところが歌集の中では珍しくて、不思議な魅力として残っていると思いました。

次の「■死後を生き続ける」は、全体のテーマに関わりますが、つねに死のことを意識しているけれども、死に向かうというよりは、一度死んだあとの時間を生き続けているようなイメージがあって、たとえば眼についての、たぶん「角膜の移植」というのは、現実かどうか知らないんですけれども、誰かの使い終えた眼のあとを自分が生きているという、そういうテーマの設定のされ方が歌集全体に見られると思います。その中で、

右の眼と左の眼にて見てきたりバースデーケーキも
祖父の遺体も

という歌は、わりと私は好きで、「バースデーケーキ」と「祖父の遺体」というのは、露骨な生と死の描き方だというふうには思うんですけれども、けっこう効いています。それから、「右の眼と左の眼にて」というのは、全体を読むと、「右の眼の角膜の移植」ということがあるので、右の眼と左の眼の意味合いが違うんだということはわかりますけれども、むしろ、この一首だけを読んだときは、「右の眼と左の眼にて」というのはすごく普通のことで、普通の人も同じように右の眼と左の眼で見ていますので、普通に生活していることへの違和感みたいなことを二重写しに見ているおもしろい歌だと思いました。

１２６ページの「脳仏喉仏」の歌も、「喉仏」という言葉から、言葉が展開されていると思うんです。この歌も、生きているすべてのパーツが「仏」であるという、不思議な二重写しの構造みたいなものが、とてもおもしろいなと思いました。「ぼくの命日」についても、「詞書」のところでは死を保証しながら、現実では淡々と生きているという構造がある。

三つ目に「■構成要素の多さ」を挙げました。これは、一つ目の「露悪」とも関連するんですけれど、言葉に余白を残さないで、きっちりきっちり書いていくタイプの文体だなあと思います。

トイレットペーパーぢやなく星条旗もて尻を拭く白
骨死体

という歌は、「トイレットペーパーぢやなく」とまでは、私だったら書かなくて、「星条旗もて尻を拭く」以下だけでも伝わると思うんですが、そこを過剰なまでに言葉にしていくのが特徴だなと思いました。この過剰さを、加部さん自身、たぶん意識していらっしゃって、３４ページのニーチェの「チェ」の歌ですが、こういう言語的な過剰さというものを意識しているのではないでしょうか。

それは、4番目の「■破調」ということにも影響していて、ここにも言語的な過剰さのようなものが充満しているように感じました。

最後に5番目ですが、ここのところは、みなさんのお話をうかがいたいなと思うんですけれど、「■反、○○」という、何かに対するアンチの感覚が、かなり歌集全体に出ていると思います。

今日もまたぼくらの一人が自殺せり舞ふ〈善〉のビ

ラ国連のビラ

という歌であれば、あきらかに「善」、まあ、これは「〈善〉」って書いてありますけれども、ほぼ「偽善」だって言っているようなもんですよね。その「〈善〉」のビラ、「国連」に対するアンチ、それから、

エコファシズム反核ファシズム荒れ狂ひ校舎の裏のからすうり白し

であれば、「安易なエコ」であったり、安易な「反核」という言葉、その口当たりは柔らかいものの、「ファシズム」というものを否定するスタンスがはっきり出ているように思います。

それから、その次に挙げた二首は、短歌そのものに対する「反短歌」だったり、「反意味」がはっきり出ている歌で、最初から意味を汲みとらせることを拒否しているようなタイプの歌を、延々と連ねていると思います。この、「反」の強さというのは、ある種、すごく潔癖であったり、加部さんの、ある種、理想主義的な部分が、ここに出ているんじゃないかなと思うんですけれど、その一方で、「反」を唱え続けている、その「反」の裏側にある「正」の部分はどこにあるんだろうということが、わかるようでわからないもどかしさがあります。結局、「反」というのは「反」を唱え続けるだけではだめで、それはある種の若さで、その先に「正」の部分が、翻すものがないと、「国連」とか、「エコ」とか、否定したものが記号化してしまって、ほんとうの批判になりえないんじゃないでしょうか。そういう意味で、「反、○○」が歌の中で批判として機能しているんだろうかと、みなさんのお話をうかがいたいと思います。

生沼　「呼び掛け人」のお二方の「基調発言」をいただきましたので、会場のみなさんを交えた、一回目の「闘論」に入りたいと思います。なお、時間が限られていることもありますので、ご発言は、一人四、五分を目安に、よろしくお願い申し上げます。ご発言の機会なく、お帰りになる方が出かねませんので、ご協力をお願いいたします。また、ご案内しましたように、本日の「闘論」のご発言は、後日、「冊子」にさせていただく予定ですので、その関係上、司会者から、ご発言者を順番に指名させていただく場合がございますので、あらかじめご承知おきください。それでは、高木佳子さん、よろしくお願いします。

高木佳子　本日はおめでとうございます。加部君が「潮音」にいるときに、私は遠くに住んでいますので数回しか会ったことはなかったのですが、加部君は学生時代に、「潮音」の新鋭として将来を嘱望されていて、藤田武先生の愛弟子としてプリンス的な存在だったんです。私など、田舎から出て来て、「あ、プリンスだ」と思うような感じで、近寄りがたい、貴公子として拝見していました。私の中では年下の、弟のようでもあり、プリンスでもあり、いつも、「加部君」と「君」付けで呼んでしまうのですが、今日、お会いしたら、すっかり立派になられて(会場、笑)、「君」と呼んでしまうのは申しわけない感じがありました。

この歌集では、「ぼく」という一人称が過剰で、頻出するんですね。また、名詞も過剰で、過剰なんだけれども、その過剰を全部引き算して、取っ払ったところで見ると、

純粋な、私たちが「なんだ、そんなこと」と捨て去ってしまうようなことも、大切に、大切に見て、こだわって、真向かっていくような純粋さを感じる歌集だと思いました。歌集の、語句が過剰なまでに追求していくことが純粋に生きてゆくことの要求というか、欲求というか、そういう個人的な純粋さが過剰さという形で現れていると思いました。藤田武先生が亡くなったときの「挽歌」とか、太田絢子先生のお葬式とか、実際に取材した部分では「ぼく」の過剰さは低いんですけれど、ほかの心象風景を描こうとしたときには、「ぼく」は過剰に心象を描こうとして、ますます巨大化していって、私はそこに「前衛短歌」的なものを感じて、いまの若い人の歌集よりはとてもよく読めて、近かったというか、理解できるし、親しみがありました。

「ぼく」は、意識下で何度も死んでしまうんですね。それはやっぱり、生きたいことの裏返しとして、くり返し、くり返し、表現として出てくると感じました。

あと、身体性への視点で、「オナニー」とか、「肛門」とかいう単語がいっぱい出てくるんですね。いっけんするとぎょっとするんですけれども、そのへんの不毛な感じから何か読み取れないかなと思って、「肛門関係」の歌を集めてみましたが、不毛の中から不毛ではない何か汲みとろうとする理由が強くあるのではないかと思いました。そのことについても、みなさんのご意見をお聞きできればと思います。

生沼　ありがとうございました。それでは、『亞天使』の書評を「短歌研究」に書かれました、徳高さん、お願いします。

徳高博子　私は、去年の「短歌研究」の八月号・九月号・十月号の「共選欄」を担当させていただきまして、初めての経験でしたけれども、一度に30から40冊、段ボールいっぱい送られてきまして、選ぶには、ざあっと読んで、「これは」という歌集に絞っていって、さらに読み込んで、また選んで、という作業をするんですね。その中で、ということは私の短歌観を試されているわけで、私が選ばなかった歌集が優秀な賞をもらったりすると、「ああ、そうなんだ。こういうのがいいと思う人がたくさんいるんだ」ということがありますが、この年齢になると、そういうことはどうでもよくて、頑固と言われればそうかもしれないんですけど、へんな自信があって、『亞天使』について書かせていただこう」と思いました。歌集を選んで何か書くとき『亞天使』を読んだときは、すぐ、「あ、これについて書いた書評を読み返してみて、「やっぱり私は正しかった」と思いました。そこでは、私は激賞しているんですね。ほんとうにいいことしか書いていなくて、それはそれとして、今日は時間も限られているので、加部さんのこれからについて言わせていただきたいと思います。

この歌集は、「とてもお行儀が悪い」と、先の方はおっしゃられましたけれども、隅々にまで神経を使って、きちんとできている、とても質の高い歌集だと思います。まず、おもしろいのは、素敵なのは、この表紙ですね。帯に、「ぼくは／〈世界〉を／欲望／しない。」とあって、この「〈世界〉」がヤマ括弧になっているんですね。この「〈世界〉」

とは何なんだろうと思わせます。この「帯」にも、「ぼくは」という、ある意味、この歌集を、象徴している言葉があります。

全体の印象としては、気持ち悪いもの、たとえば、「トマト」とか、「お刺身」とかを食べる気がしなくなっちゃう歌があって、そういうのはちょっと困るんですけれども、何を希求しているのかというと、「天上的なるもの」への希求が強いんですね。それが、「白」のイメージだとか、全体を蔽うイメージにつながるので、気持ち悪さはないんですけれど、気持ち悪いものは刺激の絶対値で勝負しようとしているんです。言葉というものは難しいもので、同じ言葉でも、使い方によっていろんな反応があるわけで、「気持ち悪い」と言われるものは刺激の絶対値で勝負しているんですよね。そういうのは、「底が浅い」とか、「先が見えている」とか、みんなに与える印象が、もうそこでわかっているから使うみたいなことがあって、そういう勝負のしかたは、第一歌集でおしまいにしてほしいと思うんです。これからは、もっともっと言葉を浄化していってほしいんですよね。たとえば、

キリストがトマトを食《を》せば天皇もトマトを食して下痢気味のぼく

という歌について、石川美南さんが、「聖なるものを俗なるものに落としていく」というふうにおっしゃっていましたが、結句で壊していると思うんです。それが加部さんだ、と言われれば、「そうなんですか」と思うんですけれど、もっと言葉を選びに選んで、浄化してほしいんです。この、「浄化してほしい」ということは、加部さんの、歌人としての魂で選んでほしいということで、そうして初めて、一首として屹立するものが出てくるんじゃないでしょうか。そういう、何か全体的な透明感があるものをこれからも活かしていってほしいと思います。

生沼　ありがとうございました。それでは、ここからはご自由にご発言をいただきたいと思いますが、どなたかございますでしょうか。なければ、こちらから指名させていただきますが。

江田浩司　しゃべっていいですか。

生沼　江田さんは、「基調発言」がありますが……、でも、まあ、いいや(笑)。

江田　なに、それ……(笑)。これは、みなさん知っていると思いますけれども、加部さんは、所属する「舟」誌に、「短歌とは天皇制である」という評論を書いています。これは、短歌という詩形は、吉本隆明の言葉で言えば、「共同幻想の象徴的なもの」ということですよね。でも、彼は、それを選択しながら、さきほど徳高さんが言葉の浄化ということを話されたけれども、そうではない方向に行かないと、彼には短歌を作る意味がないんですよね。それは大変難しいことで、僕は「基調発言」のときに言おうと思っていたんですけど、加部さんには「初期吉本」の、短歌による「固有時との対話」のようなものを実現しようとする思いがあるんじゃないでしょうか。あるいは、彼自身がどう思っているかは知らないけど、「いやあ、この歌、いいですね」って多くの人に享受されてしまったら、彼としては、

ある意味、成功じゃないんですね。それは、「そうではない」というところで、ほんとうに難しいものを抱えて、それをやろうとするわけなんですよね。だから、さっき加藤さんが言った「反意味と作為」という一連ですが、これなんか、私はまったくいいとは思わないんです。彼の意図の中では、「詩形プラス何か」があってやろうとしているのだろうけれども、これは成功しないだろうな、こんなこと言ったら失礼かもしれないけれど(笑)。これは僕の発表の時にやりますが、だから、「われというのは何者なのか」ということも、いま言ったことと関わってくるんじゃないかと思うんです。短歌が持っている「われ」とか、「わたくし」というところで、僕たちはどうしても読んでしまうけれども、はたして、そう読んだことで、まあ、読むのは読者の自由だからいいんだけれども、彼の歌を、どういうふうに読むか、これ、なかなか難しいところだなあと、そんなふうに感じたんですね。

生沼　そうですね。そのへんの、方法論と意味内容がどれだけ噛み合っているのかということは、それは私のところでまた言いますけれども、うまく行っている歌と行っていない歌が極端に分かれていると思うので、そういうところも含めて、みなさんから積極的にご発言をいただければと思います。

原詩夏至　じゃあ、いいですか。私は、『亞天使』について語り出したら止まらないと思うので、体系的に語るのはやめて、会場で出たお話について、思ったことをすこし語らせていただきたいと思います。石川美南さんがお話しされた、「反」というものが表現になっていくということと、それから江田さんがおっしゃった、現代詩的な方法論というものと『亞天使』の方法論とのからみ、この両方について考えてみます。私、このあいだ、詩人で小説家の辻井喬の作品をまとめて読む機会がありました。この人は、ご存じのとおり、西武セゾングループの総帥だった人ですけれど、先鋭的な現代詩人ですね。若い頃、堤一族の跡取りになったわけですけれども、にもかかわらず、「妾の子」的な存在であったことで、ずいぶんいじめられたりして、「おれはプリンスだ」と言って威張ろうとすると、「いや、おまえは妾の子じゃん」といじめられた過去が叫び出します。だから、それに反発して、東大の闘争に加わり、共産党に入党するんですね。そうすると、そこでも、「おまえは共産党員としてやっているけれど、堤一族なんだからスパイなんじゃないか」って尋問されちゃったりします。それで、どこにも行き場がなくなっちゃうんですね。世の中で、ここにいたらわかりやすいという場所がもぎ取られていったんです。そうすると、わかりやすい、「反」とか、「聖」とかいう語り方で語れなくなっちゃう。彼の詩って、とても難解なんですが、まさに加部さんの短歌のように難解なんです。

加部さんは、韜晦しているわけじゃなくて、そういう言い方でないと語れない場所、安易にわかってもらっちゃうと困ってしまう場所というのがあって、むしろ、そういうところで、ぐちゃぐちゃと書いているので、「反」とか、「聖」とかにからめ取られている歌があったとしても、この歌集一冊の全体としては、むしろそういうものだと思います。闘いによって成り立っているんですね。私は評価しているんです。「あとがき」で、加部さんは、最初、死ぬのが怖くて、幼稚園の頃、泣いていたんだけれども、それが解決しないまま、いっそう深刻な問題にぶつかって、死ぬことを恐れていた私が、こんなだったら自殺しようかみたいなことまで思った、と書いています。ところが、「いっそう深刻な問題」とは何かについては書いていません。答案の一部みたいなものが、この『亞天使』という歌集なんですよね。そういうふうな、簡単には割り切れない何かを抱えていて、それを一生懸命に解きほぐすために書いているということですけれども、それについての、まあ、書きようがないんですけれども、それについての、まあ、答案のという意味では、まさに辻井喬がやっていた、あるいは現代詩人たちがやっている方法をそのままやっていて、かつ、それは正当なやり方で、「あそこでやっているやり方はモダンだからパクっちゃえ」ということではなくて、必然性があってやっていると、私はそこを、主張したいと思います。

生沼　ありがとうございました。そうですね、書く必然性ということをすごく思いますよね。では、天草季紅さん、いかがでしょうか。

天草季紅　書く必然性について、いまお話が出ましたので、ちょっと言いますと、それが強く感じられるものと、そうではないものとのアンビバレントなところで、二面性とか、多面性があると思うんですけれども、それは、内容に結びつけていかないと、違うところに行ってしまう気がするんです。私は、形式、意味を追いかけていくもの、リズム、そのへんの、格闘しているところから、どこかに逃げ出そうとしているおもしろさを強く感じたんです。たとえば、加藤さん、石川美南さんがいろいろと整理してくださった内容的な問題は、もちろんあると思うんですけれども、そういうところで束ねられない形式的な葛藤、そういうものが強くて、そこがとてもおもしろいと思いました。わかりやすく言うと、たとえば加藤さんは、「レジュメ」の「※印」で「反意味と作為」という一連について「全く読解不可能」、また、「心臓」一連について「これは心臓の鼓動である以上の何なのか」と書いていらっしゃいます。短歌である必然性とか、短歌としての完成とかについては、ここから話が出てくるのかもしれないですけれども、「短歌は天皇制である」という議題も併せて、それを壊すとか、壊さないとかではなくて、その中で何と格闘して、何を探しているのか、意図的なことだと思うんですけれど、その意図的な中に意味がある、そこがおもしろいと思いました。これまでのみなさんのお話の中に「リズム」の話は出てこなかったんですけれども、「短歌とは何か」とまるごと問いかけているようだと、私は思いました。細かく、あれこれ言ってゆくときりがないので、第一印象を言ってみました。

生沼　ありがとうございました。ほかの方も、積極的にご発言をいただければと思います。

石川幸雄　じゃあ、いいですか。「蓮」の石川と言います。ここまでお話をうかがってきたところでは、私はどうにも話に入っていけないような感じです。この歌集は、いま、天草さんや加藤さん、石川美南さんはおもしろいと語られたけれど、僕にはまったくおもしろくなくて、心に響いてこないんです。別の人は、この歌集は気持ち悪いと感じたと言った人もいたけれども、気持ち悪いとすら思わない。なにかこう、上っつらな雰囲気、たとえば、ここ、「闘論会」ですけど、加部さんも、この近くの席にいたらいいんじゃないかと思うんですよね。

生沼　人数的にちょっとなので、あとで入ってもらいます。

石川（幸）　うん。もうちょっと焦点を絞った話、具体的な話を聞きたいなと思うんですよ。だから、私にはあまり語るべきことがなくて、加部さんの短歌観を、メールで聞いたりしたこともあったんですけど、その印象を論客のみなさんがどう語るのかと思って、今日はうかがいに来たんです。もうちょっと具体性のあるというか、まあ、このあと、どんどんそんな話になっていくのだろうとは思いますが、これが、いまの、ここに坐っていた三十分間での印象です。

生沼　石川さんは、この歌集は「受け入れられない」というか、「入れない」という感じですか。

石川（幸）　うん。そうですね。

生沼　それは、どういうことから。

石川（幸）　要は、歌の意味がわからない、狙いがわかんないからです。響いてこない、ということなんじゃないですかね。それは、まあ、短歌観の違いと言えばそうなんだけれど、みなさんはよく、このように、おもしろく感じたり、一生懸命入ってこれるなあという、そういう印象を受けましたね。

生沼　私の感想を先に言わせていただくんですけれど、私自身は、こんなにわかりやすい、まあ、意図は、ですよ、作っている意図について、これほどわかりやすい歌集はなくて、むしろ、わかりやすすぎるぐらい、僕にとっては、わかるんです。

石川（幸）　意図なんて、全然わかりません。

生沼　逆に、痛い感じというのがあります。

石川（幸）　わかりすぎて、痛い、と。

生沼　そうですね。

石川（幸）　そのへんが明らかになってくれば、私も違う見方で読んでいけるかもしれない。

生沼　それは、おいおいに、というふうに思っているんですが。

加藤　ちょっといいですか。石川幸雄さんの立場というか、それは、僕のしゃべり方がよろしくなかったんでしょうけれども、同じなんですよ。最初に、この歌集はとてもよいと思って読んでいって、読んでいくうちに、だんだん、どうも言葉の起爆力だけがあちこちにあって、響いてこないというか、沁みてこないな、と感じたのは、僕もそうなんです。意味が了解できるか、わかるか、わからないかというのは、読みの現場で読んでいくと、こういう現代の生き難さとか、そういったものだろうということは、読み取るうえでは言えるんだけれども、作品としては響いてこない。どうも、言葉の起爆力だけではなくて、歌がある種、僕が最初によいと思って挙げた「①〜④」の歌に、じつはある程度、パターンがあって、たとえば石川美南さんの「レジュメ」で言うと、「陰毛は排水口にからまれり」に対して「猫の産ごゑ」を持ってきています。「水の出る蛇口」の下で「手を出す」と、かなりそういった論理矛盾の構造がパターン化されていて、また出てきたな、また出てきたな、というところがあります。どうも、第一印象では新鮮だったものが、その中にはまりこんでしまって、自分の言葉でものを立ち上げてきていないんじゃないかなと、ぼくの中では石川幸雄さんと印象は似ているんです。

生沼　では、ほかの方、どうぞ。

北神照美　私、「舟の会」で、この歌集の「批評会」をやったときにレポーターになりまして、どういうふうに読んだらいいのかわからなかったんですけれども、まず、章題が、「赤痢篇」「移植抄」「回虫録」になっていて、そのおもしろさ、とっぴさを思いました。それから、歌は、普通は現実というか、日々の思いから来るものなのが、この歌集の歌は、それとはあまりにも違うという中で、「移植抄」という章のところだけは、加部さんに近い感覚が出ているなと思って読みました。その章にある「右眼」という一連がポイントになっていて、他人の眼とか、死に繋がっていくんですけれども、最後の「回虫録」の章でも死は出てきて、そこには出てきただけの何か、読書から得たものとかがあるのかななどと思いました。江田さんが「しおり」に書かれている大江健三郎の『同時代ゲーム』が背景にあるんじゃないでしょうか。その小説に出てくる「壊す人」につながっていて、加部さんは自分をとても否定しているけれども、壊しても、信念を越えてでも、もうひとつ、そこから先に行かなくてはいけないというところがあるように思いました。政治的な歌とかも、年齢を経たものからすると、言葉だけの、国会の歌にしてもそうですけれども、加部さんの年代の、実質的な社会の苦しみをまだ、そこまで味わっていないという立場で、社会を詠っているのではないかと思ったりしました。実感がどこにあるかではなくて、加部さんがどういう短歌を創造したいのかという、そこに焦点を絞っていかないといけないのではないかと思います。

生沼　ありがとうございます。北神さんのご意見は、実感で読むのか、もしくは言葉のインパクトのところで読んでいくのかというお話だと思うんですけれども、加藤さんがおっしゃったような、言葉の起爆力への依存という、つまり、そこで早まって作ってしまっているというか、言葉とか、喩の力を信じすぎているのではないかというのが、一つのポイントとして出てくると思います。一方で、特にいま、北神さんが挙げられた、「第二章」の歌、そこのところは、わりと従来のリアリズムで読めるような歌が多いと思いますが、そのへん、石川幸雄さんはどう読みましたか。

石川(幸)　私は、どっちかというと、「作品＝作者」というスタンスだから、作者はどういう生き方をしてきて、いま何をしていて、何を考えているのか、そういった作者の経歴とか、生きてきた道とかを含めたものが前提にあって、作品を読むタイプなんです。ただ、加部さん自身は、そういった、作者の経歴、現在の作者というものを前提にした読み方をしなければならない作品はまったくだめだという考え方をお持ちなんで、だとすると、じゃあ、この「角膜を移植した」という、普通の人は経験していないこともほんとうなのか、うそなのかもわかんないので、そうなると、もう、作品全体が浮足立っているような、浮いちゃっているような感じにしか捉えられなくなってしまったんですね。だから、その「角膜移植」のこと、あるいは「藤田武さんへの挽歌」とかも、藤田さんと加部さんの関係はどうなのか、それは関係ないのか、関係があることを前提として読んだほうが、もっと響いてくるんじゃないのか、そんなふうに思いながら、カバー外してまで、ずいぶん読みましたけれども、単なるポーズでしかないんじゃないのかなどと、まあ、そんなことがよぎったり、という感じだったですね。

生沼　僕は、作者がどういう短歌観を持って作っているのかは、作品の読みにおいてはさしたる問題ではなくて、読者がどういう短歌観を持っていて、そこにチューニングが合うのか、合わないのか、評価できるのか、できないのか、という話にしかならないと思うんです。むしろ、ぼくが悩むのは、そのへんのリアリズムというか、いまおっしゃった、事実かどうか、どこにピントを合わせて読めばいいのかには、確かに悩むんですよね。そこが、わりとちぐはぐというか、ぶれている印象がありました。

石川(幸)　そうですね。

生沼　石川さんがおっしゃる、一種の戸惑い、どう読んだらいいかわからないということは、わかるところがあります。僕は事実と切り離して読まざるをえなくて、それが、じゃあ、作品の評価に影響するのかという悩みが出てくると思うんです。

江田　ネガティブに言うと、そういう部分は下手だよね、っていうことになっちゃう。そうではなくて、意図的にそういうふうにしているんだったら、それを汲み取れる読者に届けようという意図があるわけだから、届かなかったら、もうしようがないという、はっきりとはわからないですけれど。

生沼　厳しく言うと、そのわりには周到さが足りない。

江田　細かく見ていくと、確かにそうところはありますね。

生沼　枠組みというか、つまり読者に、特に個人情報を……。

江田　だから、先ほどの移植の話でも、実際にしたか、しないかということじゃなくて、歌集の中に「移植をした」という歌が出てくるんだから、表現の世界の中では移植をしたんだ、というふうに僕は読むから、実際にしてても、してなくても、どちらでもいいんです。

生沼　そうなんだけど、そうではなくて、どちらかというと、読んでいるときに、それを信じ込ませる力が弱くないかということなんです。

江田　だからそれは、統一されていれば、ある力を持つんでしょうね。

生沼　事実かどうかは、どうでもいいと僕も思っています。そういう意味じゃなくて、一冊の歌集の中で、そこがぶれている感じがしたんです。

葛原りょう　「大衆文藝ムジカ」の葛原りょうです。私は加部さんの歌は、そんなに昔から知っているわけじゃないんですけれども、「ぼく」という言葉がいろいろと出てきますね。これは、便宜的に使っている「ぼく」、もしくは「ぼく性」というものから極端に離れたほうがいいということを詠っておられて、諦めているような挨拶とか、この世の中と断絶しているとかいうことではなくて、この世の中にいることそのものに対してのアンチ的なテーゼがあるんじゃないでしょうか。たとえば、普通、歌だと、相聞歌だと、恋人だったり、人がいたりとかするような、相対化する時代が、いまは失われているような気が、私個人はしているんですけれども、みずからの歌を、作った歌を回収できないという苦しさを加部さんの歌に強く感じました。それは、「ソ連」とか、「左派」とか、いろいろあるんですけれども、それも重要なキーワードだと思います。ただ、ここに来て、塚本邦雄のような世界観からは脱却できた、なにかしらの可能性がある歌が、この中にたくさんあるような気がします。世界からよそ者であることに対しての全体の歌として感じて、「オブローモフ」じゃないですけれど、「恋文とさえ思いたかった」という願望がありました。これは、歌そのもので読み解くのは難しいんですけれど、たとえばこんな歌があります。

　喩であるか花は全きせいしよくき死児のあしいづ死児のうでいづ

これなどは、俗というか、寺山修司的ではありますが、とてもいい歌だなあと思いました。「子宮」とか、「ぼくは子宮を持たず」とか、「〈不能〉を覗く」とか言っている、そこに何か、命に対しての、「ぼくは失敗だ」とか、たとえば「もう一回やり直したい」とか、そういう社会的な面での鋭さは、いままで読んできた歌集の中では鋭いと私は思いました。ただ、「×××」とか、「○○○」とかいう歌がありますけれども、それはどうかなという疑問はあります。

　あと、もう30秒、すみません。「反意味と作為」の一連、ここも問題が多少あると思うんですけれども、なぜこれを入れたのか、どもる以前の、声にならない以前の声、成立しない言葉というのは、たとえば高柳重信でさえやらなかった、加藤郁乎でさえやらなかった、そこに詩を感じろというのはむりかもしれないです。ただ、そこに言葉を置いたことに対しての、活字一つが一つの宇宙の太陽の爆発だとするならば、そういうことで意義があるのではなかろうかと思いつつ、ここの作品そのままだと、まだ弱いかなというところはあるかなと思いました。

安井高志　詩短歌同人誌「無責任」と、現代短歌「舟の会」に所属しております。この『亜天使』という歌集は、一歩退いて、知的に読もうとしても、なかなか入っていけない歌集なんじゃないかなと僕は考えています。どちらかというと、一度でも影の側に落とし込められた人間にとって、こう詠まないで、いったいどう詠めばいいんだよという、なにか息苦しさのみたいな共感を僕は覚えてしまうんですよね。第一印象としても、あまりに潔癖な歌から始まったな、というものがすごくありました。潔癖な歌というと、違和感を覚えられる方もいらっしゃると思うんですけれど、ほんとうに潔癖症的な人は、あまりにも汚いものが、怖くてしようがないんですよね。手を何回洗っても、どれだけやってもきれいにならないという、その潔癖な神経の中に、真白な、すべてを消毒するような太陽がずっと照っていて、自分の中で死と生が極大化しているにもかかわらず、移植という形で生と死が同居してしまっているような引き裂かれる感覚、こういうものは知的に思おうとしても、絶対に入っていけないんです。僕はこういう歌集に対して、一歩退いて、頭のいい意見も、お行儀のいい意見も言えないけれども、僕からすると、じゃあ、こう詠まずして、どう詠めばよかったんだよ、どう詠んでくれれば満足だったんだよ、というふうに、さっきからの議論に怒りを覚えています。

生沼　もうちょっと時間があるから、もうすこしどうですか。

安井　僕がこの「闘論会」を案内されたとき、一番いやだなと思ったのは、この歌集をつまみにして、現代短歌とはどうだこうだ、と脱線してしまうようなことになるんじゃないのかということだったんです。いまのところ、どうも、そのような流れになりつつあるような気がします。そんなつまらない展開をしていいのか、みんな、一歩ひいていて、この歌集なんか、どうだっていいんですよ。つまみにしているだけじゃないですか。そんなのは、よろしくない。

生沼　そんなつもりは全然ないですよ、もちろん。

安井　でも、そう聞こえますよ。

生沼　ただ、司会者として補足させてもらうと、第一歌集として出版されたことは、どうしても、いまの短歌のシーンの中で、どういう位置づけで読まれるのかという……。

安井　じゃあ、この歌集のどこが、お行儀がよくないんですか。お行儀がよくないということにしているだけじゃないんですか。

生沼　私の話を、最後まで聞いていただけませんか。というのは、それがメインのチャンネルになるとは、私はまったく思っていません。だけど、それは、意識してしかるべきだと思っているんです。この歌集の作者が今後、どういうものを書いてゆくのだろうかということや、この歌集のいまの問題点を指摘していくことは、並行して議論できるものだと思っています。

安井　わかりました。それなら聞きます。

柳下和久　安井さんがいまおっしゃっていることは、『亞天使』という歌集が現代短歌の中において、どのような位置づけ、あるいは意味があるのかという議論ではなくて、「本質」を議論してほしいという理解でいいんでしょうか。じゃあ、何を議論すれば、この『亞天使』という歌集についての、加部さんという作者がこれまで生きてきたことも含めて表現してきたことや、こういうふうに世界を作ったことに対しての議論になるのか、そこらへんを、怒らないで、みなさんにわかるように説明してほしいんですが。

安井　もうすこし、一歩踏み込んで……。

柳下　どういうふうに踏み込んで……。

安井　短歌として、こういうふうに意図を計算して読者に訴えかけるべきだという方法論ではなくて、生まで、ほんとうにどういうふうに感じたのかという情緒的なものからの意見も、もうすこし入れてもいいのではないかと思うんです。方法論や、こういう短歌はこうであるべきというカテゴライズや、レッテル貼りみたいなところが、僕にはにおうんです。
柳下　わかりました。みなさんがそれぞれ作品を作ってきた歌人として、どのような思いで短歌を作り、そういう立場から読むと、この作品集はどういうふうに読めるのかという議論をしてほしい、ということですか。
安井　おっしゃるとおりです。
原　さきほど、石川さんから「網膜の移植」ということが出て、これはほんとうのことかどうかわからない、架空の話として、ここで思い入れてしんみりすることは、空無化してしまうし、というお話でした。それだと、わかりあえる基盤がなくなってしまうじゃないですか。そういうことは、「そうかもしれないけれど」ということで、生沼さんから、もうすこし方法論的な考え方もできるんじゃないかという話が出たわけです。たとえば、「網膜の移植」が事実かどうかを仮りに宙吊りにしたとしても、体験を掘り下げて、「俺は網膜を移植した。それは事実だ。しかし、網膜を移植するということは、ほんとうはどういうことなんだ。俺の人生にとって、どういう哲学的な意味があったんだ」と問うていくと、事実としての「網膜の移植」から深い世界になっていくんですよね。「網膜の移植」を手がかりに、自分の存在、世界の存在の謎を解いていこうとするわけです。そうすると、自分の体験を掘り下げたような、言うに言われないものを「網膜の移植」と言ってみたのであって、そこを掘り下げていく中で、そうとしか語れなかった、加部さんなら加部さんの、書き手なら書き手の、何かを追いかけていくことは、一般論としてではなく、作者論、作品論として追いかけていくことは、可能だと思う。そうすると、両者の意見はわりと信用できるかなと、私は思います。
生沼　ありがとうございました。私の発言がちょっと誤解されたのかもしれないんですけれども、作者像ではなく、作中主体像の問題として、作品の中で、「移植をした」という感覚は、「ひまわりの歌」などにはよく活かされているけれども、ほかの歌のところはかならずしもそうではないんじゃないかと、そこのところを「ブレ」と言ったというということなんです。
柳下　このあたりで、依田仁美さんに、安井さんの世界も、加部さんの世界も一番よく理解していらっしゃる方のご意見をお聞きするのがいいんじゃないですか。
依田仁美　柳下さんからの「ご案内状」には、「本書が内包する現代短歌の世界における問題性を」とありましたので、こんなことを考えてみました。
　この歌集は、よく言えば「革新」、悪く言えば「暴挙」で、呼び方が違う。加部さんの短歌には難しいところがあります。だから、「レジュメ」のタイトルも、「加部洋祐の壁」です。「私にはこんなのはよくわからない」という方がいらしたので、話がとてもしやすくなりました。これから私が言ことなんて、「全部、あたりまえじゃん」と言われたら身も蓋もないんですが、私は「壁」を感じているんです。「walll」の「壁」ね。「レジュメ」には「非意味的伝達」と書きましたけれど、「言葉どおりの意味」じゃなく伝えたいんじゃないか。加部さん自身は「反意味」と書いておられますけれど、「反意味」と「非意味」は、意味がまったく違いますので、あらかじめお断りしておきます。私が言いたいのは一点だけです。「非意味的伝達」というのは、失礼だけれど、人によって読み方、認知構造が違うから、意味が取りにくいよ、ということもあるんじゃないかと思いまして、そのへんを申し上げてみたいと思います。

加部さんとは、月一回例会をやっていますので、わりと彼の人物を知っています。そのへんから申し上げると、まず、「失礼な人」なんですね。「舟の会」で無記名の歌会があって、私の歌を彼が褒めたことがあります。あるキーワードと、その裏側にあるものを褒めたんです。そうしましたら、別の人がそのキーワードの説明をしたんですね。すると、加部さんは、「あ、それだったら、よい歌じゃありませんね」って、即、撤回したんです。それはそれでいいんだけど、キーワードで私の歌からメッセージを受けたんだけれど、「ああ、それならいやだ」と、直感的に、一つの言葉から歌を感じとるということをしているんですね。

また、「私の歌集は、詩人の北園克衛の『二角形の詩論』をもとにしている」と言いかけましたら、言われる前に、「あ、球面では二角形描けますよね」と、即、応答しました。つまり、彼の認知構造は、低いレベルから順次、積み上げていくんじゃなくて、いきなり本質を認識する「トップダウン処理」なんです。

物に接するとき、自分の持っている知識、主体、仮説を、つねに先行させて読んでいく人がいます。だいたい、喋る前に、「そうだね、みなまで言うな」と言っちゃう人がいます。そういう傾向が、「トップダウン」、または「概念的処理」で、彼はたぶん、そういう発想ではないでしょうか。これは、俳句ではあたりまえではないかと、私は思います。

逆に、「ボトムアップ」というのは、「データ駆動型処理」で、対象物を構成する要素を分析し、分析した特徴から認識を成立させます。相手の言葉に注意を傾けて、時間をかけて処理します。たぶん、短歌では、このように詠んでいると思います。

つまり、言葉の捉え方、言葉の処理のしかたで、ふたつに分けられます。よって、前者のタイプの人は、「ああ、わかるよ」と言うだろうし、後者の方は「むにゃむにゃ」って思うのではないかと思うのであります。

さっき、石川美南さんが「確定的」とおっしゃったのは、たぶん、この「トップダウン」に近いことだし、加藤さんも「言葉の起爆力への依存」と記してありますので、「トップダウン」と重なるのかなと思います。作品を見ますと、

新世紀十年経ちて亞天使が手錠したまま皿を洗へり

という歌を言葉順に追っていくと、解きなおしても、あまり意味がないんです。当節の主流である「歌は一読して理解できなければ、ダメ」という読者だったら、「素朴純情

系のボトムアップ処理」をするんだろうけれども、そうしたら、「新世紀十年経ちて亞天使が……」なんて、だめです。たぶん、受け入れられない。書いたものの不備をあげつらわれておしまいになります。逆に、さっき言った「トップダウン」的なものの見方で来る人ならば、親和的に立派に理解できるでしょう。

ならば、依田はこの歌をどう読むか。私なら、「ばん！」と入ってきます。「現代だな、自画像だな、悪戦苦闘だな、制約だな、日常だな、歌は難しいって言ってんだな」と、これで私にとってはポエジーの授受は十分に完結します。こういうふうに、そのポエジーは総合的、イメージ的に再構成され、私の詩的満足は叶います。言葉で追いかけていくと、何が何に掛かって、どうでこうでというほかに、このポエジーは伝わります。これを、私は「非意味伝達」と言っています。「加部さんの壁」は、たぶんこういうところにあるんだと思っているわけでございます。

余談ながら、加部さんは「潮音ふうの象徴」について、しばしば歌会で発言しますが、この作はただの「象徴」ではないと思います。「象徴」というのは「ボトムアップ」で、事物や事象をことばと対応させるのが基本だから、「トップダウン」の必要はないんですね。よって、彼は伝統的な「象徴」では根本的にありません、と申し上げます。

当の依田は、短歌を作るときは、「すれっからし系のボトムアップ」です。「ボトムアップ」じゃないと、つまり歌を守ることを怠ると悪意ある仮想クエスチョンから、とうてい防衛できないんです。しかし、加部さんはそれをやらないんですね。今日はわかる人が多い場所だと思うけれど、一般には、「一読してわかるようでなければだめだ。不可知は非価値に分類されて、ポイ」ということになってしまうかもしれません。だけど、「不可知」というのは、見方を変えれば知ることができるのではないのかということが、ここでの言いたいことであります。

現代短歌としてこれでいいのか、心に食い入らなくていいのか、みんなが自分の歌を覚えてくれない、人口に膾炙してこそハッピーな発表ではないのか、ということに対しては、「トップダウン」で歌を作っているかぎり、すこし弱いと思います。ただ、私がいま心配したことに打ち勝つ光輝ある潔癖を『亞天使』は持っていると思います。『亞天使』の現代短歌にとって最大の功績は、地理の時間で一番先にやる、「非居住区域」と「居住区域」というものがあれば、人の住めないところで、まあ、ツンドラのようなところに住んでいる人もいるかもしれませんが、加部さんは「非居住区域」で歌を作っているのではないでしょうか。その例を二つだけ述べるとすれば、

須佐之男が日章旗の太陽を呑めばたちまちタブラ・ラサなる

線路上刺身にされし人体を箸もて抓む醤油片手に

このへんは、言葉を上から下へと順に書いておりますが、内容はやはり、意味を伝えようとする「ボトムアップ」の構成になっていないのではないか、言葉を追いながらも、単語で勝負するところがあって、それが彼のよいところであり、悪いところではないか、ここは「光輝ある潔癖」と

いうことであります。
生沼　それでは、長谷川と茂古さん、いかがでしょうか。
長谷川と茂古　「中部短歌会」の長谷川です。いまの依田さんのお話に出てきた「潔癖」ということには、すごく納得します。最初読んだとき、「虫がいっぱい出てくるな」と思いました。その虫はどんなものかというと、違和感であったりするということは、ご自身の潔癖さを表わしているわけですよね。歌の上に付箋をつけながら思ったのですが、出てきている虫は、「蟻」「蟬」「バッタ」……、棺に「バッタ」がいっぱい付いていたりして、とても気持ち悪い、「嫌悪感」いっぱいの使われ方をしている。初読のとき、とにかく、石川美南さんがおっしゃった、「純粋な、ピュアな作者だな」と思いました。依田さんの話を受けて言いますと、意図していない、浮かんできた言葉を使っているということが響きとして伝わってきます。「国連」「世間」というのは、それこそ、一般的な、通俗的な使われ方をしていて、ここは若さのパワーと思いました。それでは、これから先、どうしたらいいのか、とにかく、心配するんですね。こんなに純粋で、はてさて、大丈夫なのかと、ちょっと母親的な見方もしてしまったんです。詩的に純粋さを求めてゆくなら、汚れないほうがいいのかもしれないけれど、適度に汚れながら、とにかく生きていってほしいと思うんですね。
生沼　ありがとうございました。安井さんは先の依田さんの発表について、いかがでしょうか。
安井　言っていることがよくわかる、という発表だったと思います。たしかに「トップダウン処理的な処理」は行われていると理解をすることはできると思います。どっちかというと、こういうような認知的処理で短歌を詠もうとすると、観念的だなという批判を受けやすいんですけれども、観念的であるという読み方に対して、居場所を持っている詠み方の人間もいるので、どういうふうに相互の歩み寄りをすることができるのかと、依田さんはピンポイントで疑問を呈されて、どうすればいいかという提案をしていらっしゃったと思います。
生沼　では、宮本さん、いかがでしょうか。
宮本美津江　「舟の会」の宮本美津江と申します。私も、安井さんと立場は一緒で、石川幸雄さんと司会者の会話を聞いていたら、気分が悪くなってきました。もう、椅子を蹴飛ばして帰ろうかとまで思ったんですけれども、二十年も前だったらそうしたかもしれませんが、もう大人なので、加部さんを囲む会を汚したくないということで、思いとどまりました。「舟の会」で「批評会」をやったとき、内山咲一さんという歌人が、「この歌集は読者を選別している」というふうな言い方をしました。だから、この歌集が、気に入らないとか、気に入ったとか、胸に入ってくるとか、入ってこないとか、そういう人は、この歌集に選ばれなかった人なんです。自分が短歌と認識しているものとカテゴリーが違うから入ってこないとかいう論は、ほんとうに虚しいです。私も、気分が悪くなるのはそこのところなんです。歌集というのは、たとえば作者の「取説」でなければならないというルールは、どこにもないと思います。村木道彦さんの歌集などを読むと、歌の中の「われ」とリアルな「われ」との違いの中で揺れているような感じの歌があって、それはそれでとてもおもしろいんです。

「リアルなわれ」とか、「現実のわれ」とか違う、「魂の夢遊び」ということをテーマに一生を捧げた偉大なる歌人がわれわれの近辺におりまして、「夢遊び」という言葉は、耳慣れない人にはわかりづらいかもしれませんが、「夢闇」という言葉が……。

加藤　宮本さん、それ、藤田武さんのことだと思うけれども……。

宮本　そうです。

加藤　いま、この場では、この歌集に特化していかないとね。それは、共有していないから、藤田武さんの「夢闇」の話に入っちゃうと、話が、全然……。

宮本　ですから、私が言いたいのは、加部さんはその影響をかなり受けているので、加部さんの短歌もひとつの「夢闇」で、宇宙のような大きな「夢闇」があって、「世界」もあれば、「反世界」もあるという……。

柳下　依田さんのお話に出てきた、加部さんの「潮音ふうの象徴」ということ、また藤田武さんからの影響ということについて、「潮音」所属の高木佳子さんはいかがですか。

高木　藤田先生は、「反涅槃《ニルヴァーナ》へ」というところがあって、加部君とかにいつも言っていたのは、「安住するな」ということと、「現在を問え」ということでした。既成の価値観みたいなものを鵜呑みにするな、歌壇的にちやほやされて喜ぶな、そういうことを強くおっしゃっていました。加部君も、それは、師弟関係がすごく強いので、影響はあるかと思いますけれども、加部君は加部君で、みずからの体験とか、人生を踏まえて、言葉を摑みにいっているというか、引き出しにいっぱい入っていると思います。そこはまた、藤田先生の師の部分は入っていますけれど、藤田先生の作品から背中をポンと押してもらって、そこから脱出して、自分なりの表現の境地に入ったからこそ、この『亞天使』ができたんだと思うんです。だから、やはり、加部君は加部君で世界観に独特なものがあって、それはみずからの、右目の角膜移植の経験とか、いじめられた経験とか、そういう部分もあって、濃密な生の経験が表現に繋がっているんじゃないかと思います。痛いほどに純粋だし、過剰な表現を取ったとき、そこに何が残るのか、それが隠されてしまって、複層的に隠している部分を出したいのかなと思います。

柳下　いまの高木さんの答え方は十分に安井さんの不満に答えていらっしゃる、誠実なお答えだと僕は思いますが。

安井　おっしゃるとおりだと思います。

柳下　それでは、加藤さんと石川幸雄さんのおっしゃっていたあたり、「加部さんの世界は言葉だけじゃないか、これは喰い込んでこないよ」という点について、加藤さんや石川幸雄さんに、いまの高木佳子さんの意見を含めて、やっていただきたいなと思います。その前に、依田さん、どうぞ、お先に。

依田　先ほど、言葉を綿密に繋げていくのが現在のスタンダードと申しましたけれど、加部さんはそうじゃなくて、ぼこんぼこん行ったり、が一って観念で行ったりね、私はそういうものも読みたいよ、と言ってしまうんです。彼には素養があって、綿密に言葉をつなげていくと意味的な伝達がされるんだけれど、そうじゃなくやってどうなんでしょうかと言っていますので、そのへんからやっていただければと思います。

加藤　まず、石川さんと僕が重なりあうといったのは、「響いてこない」というところ、その元の「実人生がどうであるか」というところです。それこそ、「あとがき」に読者が過剰に引っ張られて、背景を斟酌しながら読むことは、私自身はあまり取りたくない。作品だけで読んでいきます。そのときに、冒頭で言いましたけれども、この歌集一冊は好きなんです。それは、感性がぼくの中のものと響きあうものがあって、そこでは親和性がある、というふうにお話ししました。ところが、読み進んで、最後まで行くと、ちょっと待てよ、この親和性はほんとうなのか、それは、極端に言葉だけと言っていいのかどうかあれなんですけど、言葉がそんなに響いてこない気がしたんです。最初に僕がインパクトを受けた、「レポート」でいくと「①～⑭」、みんなそうなんですが、その作品の類似のパターンがいっぱい出てきて、手を変え、品を変えての構造的なパターンが見えてきてしまうと、その成功作に僕は反応しただけであって、言葉そのものが、もっとヒリヒリした飢餓感と言いますか、肉声から遠いんじゃないかと引っかかりだしました。そこで、「響いてこない」ということが出てきたんです。

石川(美)　すいません。すごく大雑把な話を、あえてしたいんですけれども、「写生」ということがなんで出てきたのか、ちょっと遠回りします。正岡子規とかが最初に写生を、なんで唱えたのかなと考えたとき、その前の、たとえば「明星」の人たちが、言葉の実に添わなくて、理想だけで言葉を組み立てるようになって、たとえば「月」と言ったら、「月」が理想化された「月」みたいな感じで、言葉が空虚になっていったので、「一回、もののレベルに落としましょう。見たものを書きましょう」というふうなことが写生が発生してきた理由だったのかなと思うんです。さっき、「トップダウン」というお話がありましたけれど、それと、たぶん同じで、最初にかなり理想化された言葉の息づかいというか、たとえば、「ほかの言葉はこういう喩ですよ」とか、加部さんは強いタイプだと思うんですよ。なので、実人生に即しているか、即していないかは、私はどっちでもいいと思うんです。でも、実際に言葉があまりに理想化されすぎると、宙に浮いてきちゃうみたいなところがあると思うんです。そのことを、私はけっこう危惧していて、たとえば、「エコファシズム」「反核ファシズム」という言葉を使ったとき、それはその言葉に対する疑いであることはわかるんですけれど、その「エコ」とか、「反核」という言葉は、一般的な概念としての「反核」だったり、概念としての「エコ」であって、いろんな側面がある中の、演繹的な一番上の部分だけを?んでいるんじゃないのかという感じが、どうしても否めないんですよ。「国連」に対しても、「国連」っていろんなことやっているじゃないですか、単純に言って。だけど、ここで言われている「国連」は、ある種の「世界的偽善の象徴」というような上澄みの部分に見えてしまって、そうすると、「国連」という言葉の力が弱まってしまうんですよね。それが弱まってしまったことによって、「反」の強さも弱まってしまうんじゃないでしょうか。ここが私は問題点だと思うんです、この歌に関しては。なので、現実が作者の実人生に即しているか、即していないかとは別の、言葉というものの扱い方のレベルの話をしているんですけれどもね。

石川(幸)　私はね、宮本さんがおっしゃったように、この歌集から選ばれていない人種だと思いますよ。だけど、もちろん、私の歌ですら、自分のありのままを出した歌ではない可能性もあるわけで、それはいいんですが、要は、先ほど話したことは、たとえば、

　　かあさんの　penis　を求めどこまでもよだれ流るるわがいづみ川

という歌ですが、たとえば、ですよ、いま、たまたま開いたページにあったこの歌が、まあ、象徴か、サンボリズムか、何かあるのかもしれないけれど、これが何を言っているのか、わたしにはまったくわからないわけですよ。何かの喩であるんでしょうけれども、わからないので、先ほどのような発言になったのかなと、石川美南さんの話を聞きながら思ったわけです。

原　石川美南さんの話を、私はとても興味深くうかがいました。「写生」ということがとりざたされるようになってからの原点のところは確かにとらえていましたし、それはそうだと思うんですけれども、その問題意識はその問題意識として、じゃあ、この『亞天使』は、「これをつまみにしている」と、さっき安井高志さんが怒ってましたけれど、「つまみにする」どころではなくて、そこはこの歌集の核心ではないかと思うんです。このあいだの「舟の会」の「批評会」で、北神照美さんが、「日常をなぞっている短歌がたくさんある中で、加部さんがそれを嫌悪していることは明らかだけれども、概念や空想に傾いているわけではない。過激な表現に進むこともあるが、なぜかリアルな手触りを感じる。生ま生ましい生肉を触っているみたいないやな感じだけれど、リアルなんだ。生肉なんて自然にはないんで、処分したかどうか、何かの状況で生肉があるんですが、どこか名づけ難いけれど、ビチャッと触ってしまった感じがする」とおっしゃられた。私は北神さんのご指摘を聞いてて、とても心が動いたんです。うまく言えないけれど、確かに変なものに触ったなというのは、リアルなんです。もう一人、内山さんという方も、「言語の身体性の奥底から立ち上がるこれは、外気ではこういう輪郭を持ったぐちゃぐちゃなものはない。でも、触っちゃった、見ちゃったわけで、これがリアルでなくて何なんだ」とおっしゃった。つまり、眼で見て明らかなもの、外界の光線から見た写生じゃなくて、もうちょっと入って行っちゃった写生みたいなもので、私には空疎ではなかったんです。わかんない部分はけっこうあるけれど、この内臓が、肺と名づけられるのか、胃と名づけられるのかわかんないけれど、でも何か変なものを触ったんです。これは概念の世界に出てくるも

のじゃないという直感がまずあったんで、この直感をなんとか言語として掘り進めたいなということが、私の問題意識としてあったんで、石川美南さんの問題意識はとても正当だと思うんですけれど、この歌集の「生肉の手触り感」と、「エコファシズム」という一首から切っていって、この内臓感覚に達するルートがあるかということなんです。

石川(美)　すみません、ちょっと訂正なんですけれども、「写生」という言葉を使って横道に行きましたが、くどいようですが、私は加部さんに、意識的なものに即した写生をすべきだという意味で言っているわけじゃまったくなくて、あくまでも言葉というものに対して、あまりに象徴の部分だけに特化しつづけているのではないのかと問題を発しているわけで、「エコファシズム」はわかりやすいから言ったんですけれど、正直言って、「キリストがトマトを食せば」の歌も同じ問題が言えると思います。つまり、「キリスト」とか、「天皇」という言葉の扱い方が象徴的すぎるということです。たとえば、「いつまでも笑っていたい」という歌のところで、加藤さんが、最初に、「現実の後追いでしかない」とおっしゃったのもやっぱり同じことで、「言葉の多面性」みたいなところよりももっと薄い部分に、言葉がまだもともとの深さのところに行っていないと、つまりリアルさを感じないというふうに私はこの歌に感じたんです。あくまでも、「エコファシズム」の歌は象徴的ですけれども、それ以外の歌にも同じ問題点はあって、かならずしもいくつかの歌について私は問題視しているのではなくて、歌集全体の問題としてこのことは言えると思っています。

原　おもしろい話ですけれども、ちょっと続けさせてください。先の加藤さんの話は、「わりと同じパターンの繰り返しの歌が多いんじゃないか」と、たとえば「天皇」とか、「イエス」とか、まあ、パターンが同じと言えば同じなんですけれど、それが、ズバンと真ん中を突いて、必殺のとどめを刺すところにまでは行っていないというのは、事実です。ただ、これを何回も執拗にくり返すことを、「ワンパターンで、何も言えていないのではないか」とネガティブに評価しちゃうと、「確かにそのとおりだな。同じパターンを扱っているな」ということになっちゃって、「なんか、最初に感心したのがもったいなくなっちゃうな。価値が下がっちゃうな」という見方になるのはわかりますけれど、逆に私なんかは、言っても言ってもとどめを刺せない、「天皇」と言っても、まだ刺せない、「イエスキリスト」になっても、とどめが刺せない、だからといって、あきらめないで、何回でも、切れない刀でペチペチやってゆくことが、それが実になってゆくことなんじゃないかと思うんです。

加藤　いま、原さんね、たぶん誤解をしていて、石川美南さんが言ったのは、僕もそのとおりだと思います。それは、けっして「つまみぐい」ではなくて、石川美南さんが言っている話は、僕の「パターン」というのとは全然違う話で、いまの「天皇」とかの話は石川美南さんのほうの話の「言葉の上澄み」の部分で、ぼくが「パターン」と言っているのは、さっきも言った出し方、たとえばいま、たまたま石川さんが言った、「論理的にもありえないものをわざと配合していくパターン」がいっぱい拾えるということを言っているので、石川さんが言っていることと僕が言っていることとは別のことで、それはそれで賛成なのです。いまちょっと、話が一緒になっているような気がしていますので申しあげました。

原　あえて、そうしたんです。

生沼　ほかのことで、何かあれば、どうぞ。

江田　石川幸雄さんが挙げた歌ですが、これはそんなに難しい歌ではないと思います。ありえないというよりも、わかりやすすぎる。まさにフロイトを踏まえて詠っているわけです。結句の「わがいづみ川」はちょっと遊んでいる感じで、いわゆる古歌の言葉遣いをここに持ってきて、というのは以前からあって、よくやりますよね。難しい歌でも、わかりにくい歌でもなく、むしろわかりやすい、そのまま取ればいい。下句の「よだれ流るるわがいづみ川」の言葉の配合なんか、おもしろい表現だなと思いましたけどね。

葛原　ちょっといいですか。私は、『亞天使』というタイトルに、「天使」であるという言葉と、「天使でないもの」という言葉が、通底されていると感じたんですけれど、「赤痢篇」「移植抄」「回虫録」、これらはみんな、とどめを刺すことができないものなわけですよ。「天皇」にしても、「赤痢」でも、「移植」でも、「回虫」でも、殺せません。そのもどかしさ、そのうれしさ、息苦しさといったものは、意図的に方向を変えていますね。意図的だなと思いました。

北神　さっき、「ありえないものを結びつけて一首を作る」という話が出ましたけれど、作者は見えていると思うんですね。イメージができていて、それを詠っているだけだと思います。たとえば、私が「短歌研究」に採り上げた、

　耳孔深くカマキリの卵あふれ出で孵化する幼女・母
　・幼女・母

という歌ですが、私、すごくよくわかったんです。そういう歌がほとんどなんじゃないかなと思うので、意図的に作者が人をびっくりさせるために、これとこれを結びつけるとかの作業はいっさいしていないんじゃないでしょうか。だから、それが心に響くか、響かないかは、感受性のそれぞれの問題だから、どうしようもないんじゃないでしょうか。

生沼　議論はつきませんが、ここでいったん休憩を入れさせていただきます。

※

生沼　江田浩司さん、「基調発言」をお願いいたします。

江田　私は『亞天使』の「しおり」を書かせていただいたので、それに基づいてお話をいたします。さっき話に出た、実際に網膜の移植をしたのかどうかということは置いておいて、ここで、「他者」というか、これは「死者」なんですよね。自分と他者という二つの視点で、複眼的に歌を構成してゆく、詠ってゆくという、そういう部分があるのかなと思いながら読んでいきました。全体の印象としては、「赤と白」の二色を中心に、「黒」も出てくるんだけど、これがとても印象的で、「日章旗」がどうしても出てきますよね。それで、最初の歌ですけれど、

お日さまの軌跡を追ひしぼくの眼の裏より出づる白いヒマハリ

という、この「お日さま」の歌は、「太陽」「昭和天皇」「ヒマワリ」と連想されて読んでゆきました。特に結句の「白いヒマワリ」は、「赤痢篇」の「日章旗」とつなげて読んだんですが、これは「ランボー」ですよね。加部さんの歌の人物名は、「スターリン」とかは出てくるけれど、詩人とかは、あんまり出てこない。加部さんと、さきほどちょっとお話ししたんですけれども、そこは、「初期吉本」が意識されていたのかもしれないんですね。吉本さんは、「小林秀雄経由のランボーを享受している」と言われていて、加部さんの「ランボー」は、「初期吉本」の『固有時の対話』が意識に浮かんできますね。加部さんの短歌を読むとき、どうしてもそのことが気になってしまって、いわゆる通常の短歌の調べとか、あるいは「短歌的」と言われるような作り方ではなくて、そこを解体するというか、脱構築してゆくというか、ある程度、そういった方向性が意識の中にあるのかもしれないなと思いながら読みました。「反規範性としての短歌詩型」というのかな、それがあると思いました。

それともう一つ、「癒し」とか、「慰め」というのは、抒情的な短歌の本質とされるものだけれども、そういったものは、表面上、まず拒否するということね。拒否することで、別なものが生まれてくることがあるんだけれど、まずは拒否するということがあるのかなと思います。それから、「聖なるもの」と「俗なるもの」、たとえば糞尿譚的なものの、これは別に目新しいことでもなんでもなくて、古典的ですよね。「聖」と「俗」を結びつけようと、たとえばラブレーの小説とかは典型的だけれど、絵画で言うとヒエロニムス・ボッシュの絵とか、そういうものを連想しながら読んでいきました。

あとひとつ、とても印象に残ったのは、「キリスト」とか、「天皇」が出てくる歌で、特に「キリスト」の歌に「宙吊り」が出てきますね。これは、キリストの「磔刑」ということと自分が逆さづりにされるみたいな、そういったことを重ねて詠んでいるところがあるんですね。それとまた、驚いたのが、「イナゴ」が出てきますね。

その時が来るまで国家主義にでも擬態してゐよ蝗らぼくら

いくつかの虹の足もと過ぎにけり柩どっさり蝗をつめて

「蝗」ですぐ連想されるのは、「出エジプト記」の「第八の禍」ですね。それから、「ヨハネ黙示録」の五番目の、天使のラッパによって、アバドンという怪物と一緒に蝗が大発生して、その後、「最後の審判」が下るわけですけれども、それらがイメージとして出てくるんですね。だから、最初に読んだとき、ひょっとして、加部さんはキリスト者なのかなと思ったんです。気になる言葉で言うと、「ニムロデ」という一連があります。

「一億人がたつたひとりを殺すより一人が一億人…すべし」

この歌のうしろのほうにある、

原子炉を穿ちてあたまだす胎児日くらふゑるまゐあめくつああびあるみ

この歌なんか、呪いの言葉みたいですね。この、「連題」になっている「ニムロデ」という言葉を調べてみると、「ニムロデ」は「クシュ」の子で、「ラビの著作によると、ニムロデという名前は「反逆する」という意味のヘブライ語動詞のマラードに由来、ニムロデは大洪水後に存在するようになった最初の帝国の創建者であり、創世記10章の文脈は、ニムロデがエホバに逆らう力ある狩人であったことを示唆している」ということで、これは「ものみの塔のオンラインライブラリー」から引用しました(一同、笑)。

あと、加部さんのように、「短歌=天皇制」とはっきり言った人って、いままでいないですよね。そういう考えを持って短歌を作る人なんて、まあ、いないでしょうね。唯一、例を挙げるとするならば、イコールとは言っていないけれども、まあ、山中智恵子さんかな。天皇が亡くなったとき、天皇を弔う歌のはずなのに、冷やかした歌を作ったんです。それで、山中さんも「初期吉本」をとても意識された人で、山中さんの短歌を一言で言うことはできないけれども、初期の短歌は山中さんの『固有時との対話』なんですね。山中さんの言った、方法論として印象に残る言葉は、「抽象という直接法」というものです。これは吉本が言ったことと重なるんですよ。吉本が初期の詩を作ったとき、「抽象」ということに、なぜこだわったのか。この「抽象」って論理性なんですよね。山中さんは「抽象という直接法」によって、「共同幻想としての短歌」ではない自分固有の時間を内包する短歌を作りたいという強いメッセージがあったんです。山中さんは「現代の巫女」と言われたりして、抽象性の高い歌で、何を詠っているんだろうかと、その歌の意味を解いた人はいないんですよね。加部さんとは、ちょっと違うけれどね。

最後に一言、これはどうかなと思ったのは、「反意味と作為」という一連です。これは構成に問題があると思います。あと、「心臓」という一連に関しては、「長歌と反歌との交感に疑問がある」とレジュメに書きましたけれど、これは「反歌」になっていませんね。「反歌」というものの意味を取り違えています。あれは内容のくり返しになっています。長歌の内容をただ凝縮しただけの話で、それは「反歌」ではないですね。時間になりましたので、これで終わります。

生沼　それでは、僭越ながら、私、生沼も「基調発言」を行わせていただきます。個人的には、作者の心情とか、作歌意図はよくわかるし、共感しているところもあります。誤解を恐れずに言えば、加部さんはしんどい思いをして生きているし、しんどい思いをして歌を作っているんだろうなと、すごく感じるんですね。それは、私もそうだった、というとあれですけれども、私の第一歌集にも「死」がすごく出てくるし、いまの江田さんじゃないですけど、共感しながら読みました。ただ、出方はかなり違っています。加部さんは、短歌的抒情に安易に組みすることを拒否していますよね。それはやはり、「レジュメ」の最初のところに挙げましたけれど、あえて「粗暴性」と言いましたけれども、五感を超えた感覚をフルに駆使しているんですね。それが端的に出ているのが、「白いヒマワリ」の歌ですけれども、まずそういったことを正直に感じました。ひまわりの歌には、前川佐美雄の『植物祭』につながるアナーキーさを感じましたし、モダニズムの影響もあるんじゃないかと思いました。それが、「Ⅱ章、Ⅲ章」と読み進むにしたがって、すこし抑えられていったという印象があります。

「レジュメ」の二首目に挙げた、

〈リア充は全員殺す！〉鶏の首絞むるがににぎる吊革

は、鬱屈した心情のもてあまし方が負の方向に出ている歌で、好感というのとは違うと思うんですけれど、すごくよくわかるという感じで、私は読みました。

歌集全体で言うと、一首に言葉を詰め込んでいくのが、加部さんの方法論なんだなと思いました。それは、とりもなおさず、加部さんの、世界に対する危機感と粗暴性の明確な表れだと思うんです。それから、かいつまんでいきますが、その次の、

嗚呼三十路ノヴァーリスは既に亡くヘルダーリンは発狂してた

という歌に出てくる二人は、同じドイツの、同世代なんですね。調べていて、おもしろかったのは、「ノヴァーリス」は九歳のときに赤痢にかかり、その後、胃を患って、それを機に才能が花開いたというんですね。そういうことで、「赤痢篇」とリンクしているのかなと思いました。ここは、まあ、必要以上にからめる必要はないのかもしれませんけれどね。三十歳になったときには、もうノヴァーリスは死んでいて、ヘルダーリンは発狂して七十三歳で死ぬんですけど、それまでは統合失調症で、幽閉というか、隔離されていた状態だった。加部さんは、そういうところに自分の心情を重ねていくわけです。ただ、表現としては難があるかなあ、特に「嗚呼三十路」という入り方は……。

石川(美)　これは、ないと思います。

生沼　詠嘆としても、導入としても機能してないですよね。もうちょっと考える必要がありますね。料理しきれていない印象は、どうしてもあります。

それから、「チョ・スンヒ」の歌で、私も思い出したんだけれども、この人物は、2007年のバージニア工科大での銃乱射事件の犯人ですね。過去最悪の三十三人の犠牲者が出ているんですけれど、この犯人の名前に「氏」を付けたところに作者のシンパシーというか、鬱屈した思いが出ているんじゃないでしょうか。ただ、この歌は、下句の「葉桜の色」で、短歌的なセオリーと抒情に落とし込んでいるような印象もあって、はたしてうまくいっているのか、言葉は悪いんだけど、ちょっと置きに行っていないかな、という印象がありました。それから、

空海の風信帖を臨書せりこんこんと湧く午のしづけさ

こういうテイストの歌は、安心して読める一方で、置きに行ったというか、一冊の歌集として読んだとき、私は、「どう読めばいいのか、わりと悩む」と、さきほど言いましたが、ちょっと唐突な印象があって、どうせ入れるなら、

もうすこしまとまった数の歌を入れたほうがよかったんじゃないかと思いました。あとは、「レジュメ」のうしろから5首目の、

　あなたたち原爆と否定の中に立つぼくが言ふぼくあなたぼく

という歌については、これもまあ、先ほどから出ていますけれど、テーマは理解するんだけれども、長歌のスタイルを使う必要があったかどうか。また「反意味と作意」という一連も方法論が先行しちゃって、空回りの印象がありました。ただ、やりたいことはよくわかるし、そういうところにぶつけるしかないというものものしさみたいなものは感じるんだけれども、それと作品の出来映えというのはまた違うし、伝わりきれていないないだろうなという印象があります。

　藤田武さんや、太田絢子さんの加部さんへの影響について話が出ましたけれど、私も、加部さんは藤田武さんを通じてモダニズムと前衛短歌の影響を受けたんだろうと思います。太田絢子さんへの挽歌は、矜持の部分が伝わってこないので、歌集に入れる意味があったのかどうか、疑問符がつきました。

　加部さんの短歌の全体については、「ソ連」とか、「スターリン」の話が出ましたけれど、まあ、こういう話をするといやがる人がいるかもしれませんけれど、「大きな物語」に対してわりと無条件に信頼をしている印象かあるんですね。その、「大きな物語」への信頼というのは、当然、前衛短歌とか、あるいは藤田さんからの影響があるのかもしれません。詳しくはわかりませんけれど、それが現在、どこまで有効なのか、それが、方法論との噛み合わなさというところに出てきてしまっているんじゃないでしょうか。

　それで、誤解を恐れずに言えば、ぼくは、加部さんの歌を読んで、これ、怒らないでいただきたいんだけれども、「遅れてきた文学青年」という印象を持ちました。これは、否定しているわけではありません。むしろ、好ましく思うんだけれども、では、それと現代との折り合いをどうつけるのか、その葛藤の表れがこの一冊だと思うんです。そして、これを第二歌集にどうつなげていくのか、ぼくは悩ましい思いを覚えながら読みました。ただ、率直に言って、こうなったら、徹底的にこれをやるしかないだろうな、変に折り合いをつけることはいらないと思いました。それでも、やはり、こういう会は、『亞天使』がいまの現代短歌の流れからずれていてもかまわないとは思うけれど、どのくらいズレているのか明らかにする、そういう物差しを当てるのが、役割だと思っています。

江田　三十秒だけいいですか。この歌集で、私の印象に残ったのは、「危機」というものからの自我の覚醒なんです。それを、とても強く感じました。「リアリティがない」と石川幸雄さんはおっしゃったけれども、立ち上がってくるんです。この歌集では、危機的なものを詠ってますよね。そこから出てくる自我の覚醒を感じるところがありました。いま、生沼さんは加部さんのことを「遅れてきた文学青年」と言ったけれど、僕の印象はすこし違って、「文学青年」だったら、もっと整然とブッキッシュな感じになる

はずなんです。だけど、瘤、瘤よね、瘤とか、できものみたいな、そういったものを見せるのはすごいことですよね。観念的なことになる、いわゆる「文学青年」とは違うんですよ。そこは、とても特徴的なんで、「ああ、いい短歌ですね」って受け入れられることが、彼にとっていいことなのかどうか、厳しい、きわどいところで作ろうとしているんだと思うんです。だから、大変なところを背負おうとして、やっている。はっきり言って、おおかたの歌人には受け入れられないでしょうね。だけど、受け入れられないところに彼の価値があるのかもしれない。そこは、とても難しい。特に現在の歌壇で評価されるのかどうか、加部さんからすれば、そんなことはどうでもいいことかもしれませんけれど。

生沼　これで、すべての「基調発言」が終わりましたので、さらなる「闘論」に入らせていただきます。まだ発言をしていただいていない方がいらっしゃいますので、まず、その方たちに話していただきたいと思います。

石川(幸)　その前に質問です、生沼さんに。いま、おっしゃった「現代短歌とのズレ」ということは、どういうことなのか、簡単に言ってもらえませんか。言えなかったら、加藤さん。

生沼　ちょっとあとで……、宿題で。

石川(幸)　オッケー(一同、笑)。

玲はる名　石川幸雄さんがおっしゃっていた、加部さんの短歌には具体的な感じがまったくしないということですが、「歌の意味が取れませんでした」ということと、「内容が受け入れられませんでした」ということとは違うと思うんです。石川さんが読んで、意味が一首の中で解せないというか、自分の中で理解できない状態の歌がまだあったんじゃないでしょうか。それを読んで、受け入れる、受け入れないというのは、その人間が、この作者の、正義とか、悪とかを、どう判断するかで発生するんだろうと思うんです。石川さんは、その前段階のところに、まだいるんじゃないかと私は想像しました。そこは、たとえば私が作者の加部さんだとして、要は第二段階に行ってほしいわけですよね、「受け入れる、受け入れない」というところに、まず行ってもらわなくてはならないんですよね。「歌集を読んだけれども、意味がわかりません」というふうに手放されてしまうと、もったいないことになってしまう。たとえば、「フォレストガンプ」とかの、しみじみと意味を追っていく作品ではなくて、「マッドマックス」みたいに、ほんとうに行って帰ってくるだけなんだけれども、なんか癖になるよね、というタイプのものを目指したいのであれば、それもまたひとつの方法だと思うんですね。「意味わかんないけど、なんかもう一回読んじゃうよね、この長歌」というものでいいのであれば、それもまた表現の一つの方法なのだと思います。

それで、美南ちゃんの話に戻りたいんですけど、「反○○は批評たりうるか」ということですけれど、加藤さんのお話だと、「この「われ」は何ものであるか?」ということですね。それがたぶん、石川幸雄さんの質問に答えるものになるんじゃないかと思います。たとえば、「キリストがトマトを食せば天皇もトマトを食して」という歌ですけれど、これを理解するのはすごく難しいと思うんです。「星条旗でお尻を拭く」という歌も難しいと思う。「キリストがトマトを食す」と「僕が下痢気味である」ということで、一つの歌ができると思います。「キリストがトマトを食べて、僕も下痢気味」で、一つのアイロニーになると思うんです。「天皇もトマトを食して、僕は下痢気味」も歌になりえて、ここにも一つのアイロニーが存在する。ただ、普通は、キリストと天皇を一つの歌の中に盛り込んでしまわなくて、別々でも成立するものなんだけれども、作者は意図的にこれをかぶせているんですよね。一部の読者はここで理解不能になるんです。キリストは唯一神で、天皇もじつは唯一神の流れを汲む存在で、この二つを混ぜて、作者にとっては天皇が憎むべきものだということはわかるんですけれども、じゃあ、キリストは彼の中でどういう位置づけにあるのか、天皇よりも上の存在なのか、それとも並列するものなのか、インドの神様が多神教の人々と対立するものとして存在するのか、読者はいろんなことを想像しながら、つい読んじゃうわけです。作者が、これからもいろいろと書いてゆくのなら、そこを、ある程度、妥協して、一首の中で理解をさせてあげて、そのうえで好きか嫌いかになってもらうということをやっていかなければならないと思うんです。

あと、「星条旗」の歌ですが、作品自体が、「日本人である僕はアメリカが嫌いで、アメリカの星条旗でお尻を拭いてやりましょう」みたいな、そういうことであれば理解がなされるんだろうけれども、もしそれが黒人だったらどうだろう、白人だったらどうだろう、イギリスに住んでいる人がこの作品の主体だったらどうだろうというふうに、読者はどうしても想像しちゃうんですよ。それを読者にわからせる方法としては、一首の中で解決するか、ないしは連作の中で意味をつけていくという方法しかないんじゃないかと思うんです。たとえば、加部さんは「蟻」を殺す歌を作っていて、私も第一歌集で、蟻の首を取ってぶちゅってつぶす歌を入れていて、「蟻」がいったい何なのかを説明するのは、その歌そのものでしかないし、ないしはその連作の中でです。加藤さんのお話で言うと、「労働者階級」とか、「一般市民」、それから「愚民」というのは、加部さんの中では基本的に並列の関係で、なおかつ加部さんはそこに属すると思うんです。「非リア充」ですね。その人間がつぶす蟻だからこそ活きるわけであって、私が潰した蟻というのは、同じ蟻なんだけど、違う蟻なんです。たぶん、彼が潰した蟻は、いま申しあげたような、低層階級にある者が唯一自由にできる命であるというところがあって、そこで蟻が輝く、たんぽぽも輝く、ということなんだと思います。

それから、美南ちゃんの「反なんちゃら」は、さっき原さんがおっしゃった、「反というのは、かならずしも何かに対応するものじゃないんじゃないか」という意見に、私はわりと賛成です。私が用意した「レジュメ」は厳しめですが、引いてある歌は、私がもし評論を書くなら、この歌がいいなと思って引いてある歌です。

生沼　ありがとうございました。それでは、大西久美子さん、お願いします。

大西久美子　「未来」短歌会所属、「劇場」同人の大西です。加部さん、歌集のご出版、おめでとうございます。私は、『亞天使』が出たことの意味を知りたいと思いました。歌集のヒリヒリしたところは、いままでのみなさんのお話に集約されていますので、私はちょっと違ったお話をさせていただきたいと思います。

「心臓」という一連ですが、確かにおもしろいですね。心臓を起点にして心臓に戻るような、鼓動のリズムに乗って作った「実験作」、とまでは言いませんが、こういう感触というのはあると思うんです。循環する血液の性質をよく利用されているという……。これは意見が分かれる一連とは思うんですけれども、私はこういうものが歌集の中にあってもおもしろいんじゃないかと、好ましく読みました。循環の中で、問いが永遠に廻る感じがよく出ていると思います。

それから、歌集全体で、いろいろと実験的な試みをされているのかもしれませんけれど、これはなにか懐かしみのある実験、先ほど、「遅れてきた文学青年」というお話が出ましたが、そうではなくて、見ているところは違うんじゃないでしょうか。「全共闘の方々」という話も出ましたが、そういう感触に近いところをずいぶん正直に出されて、どこか懐かしみを感じました。こういうようなことを誰もがきっとやりたかったし、やったとされるのかもしれないけれど、歌集にまとめるところにまではいかなかったというか、その姿勢を捨ててしまった自分を、私は自分の中に感じて、そういったところもおもしろく拝読いたしました。

あと、一首一首について、ここまで出なかった歌について言いますと、「短歌考幻学」の話が出るのかなと思っていましたけれど、

大掃除以後捜しても見つからぬ「短歌考幻学」のコピーは

の歌は、「もともと短歌といふ定型短詩に、幻を見る以外の何の使命があらう」と塚本先生がおっしゃっていることで、私が言うよりも、「玲瓏」に所属の方がいらっしゃるのでバトンを渡したいと思いますけれども、この一首を短歌にしたのは、ある意味では、答えかもしれないけれども、そこのところに、加部さんの、短歌に関してのとっかかりもあり、そういうものが流れていますね。だから、私、これは加部さんの歌の中で、重要な、大きな意味があると思います。それから、

単眼の天使がぼくに手を伸ばしぼくも手を伸ばす竜華樹の春

という歌ですが、加部さんの歌は、時系列で考えちゃいけないところがあって、遥かな未来の安らぎの感触もあるし、弥勒菩薩が救済のために説法をする、この「樹」のある時系列は関係がない、遥かに遠くて近い未来は次の瞬間かもしれないというような、そういう大きな宇宙観が思想の中にあるんじゃないかなと思いました。

思想性や、短歌の問題もあるとは思いますけれども、ユーモアもあると思いました。

脳みそにストロー挿してちゅるちゅると羽蟻を啜る
全裸の翁

という歌は、怖いけれど、おもしろいし、古代の神話に繋がっていくような感じもしますね。それから、

おつさんポヨーンポヨーンおつさん?落ちてマヤの
予言の日は近づきぬ

こういったユーモラスな感覚、江戸時代の『妖怪大図鑑』に出てくるような感触とか、古代の『古事記』なんかに出てくるような怖さやおもしろさ、そういうふうなところも掬いとっている歌集で、いろんな意味でエンターテイメント性が富んでいて、それを読ませてしまうところに、きっちりしている強い意志とか、歌を詠む覚悟を感じました。その一つとして、

ぼくをして詠まねばならぬ一言を奥歯磨り減るほど
に噛みしむ

といったところに、短歌にかける姿勢とか、体勢があると思うので、具体性が乏しいとは思わなかったし、むしろすごく生まな感じを受けたんです。そういうものが投影されていると思いました。高木さんのおっしゃる、言葉による装飾を取りきると、純粋性のところに行きつくだろうなと思いながら、この、「帯」にある「衝撃の第一歌集」の会に出席させていただきました。

「反意味と作為」という一連は、短歌史の問題とか、ニューウェーブの時代の歌人の名前を解体しながら、また構築する言葉を探しているという感じを受けるので、そのへんについてはみなさんのお話をうかがいたいと思って、今日は参加させていただきました。まとまりがなくて、すみませんでした。

生沼　はい、ありがとうございました。それでは続きまして、西野りーあさん、お願いいたします。

西野りーあ　今日は、詩を中心にやっているのは私だけのようで、また、現代詩の中でもやっている人が少ない幻想系の詩を書いています。そういうところから、短歌表現の世界でいま何が行われているのかという関心よりも、『亞天使』を一冊の本として純粋に手に取らせていただいて、大変おもしろかったです。まず、目次を見て、言葉をとても大切にしているなあと思いました。目次を見ただけで、自分の中にいろんな妄想がガンガン出てきたんです。物語がいろいろと出てくるようで、もう、とにかく大変おもしろくて、読み始めました。それで、この歌集に一貫していたのは、こういう感性の登場人物、主人公がいることをばあっと打ち出していて、書いてあるままに読めばいいのかなと思って、「I赤痢篇」の最初の二ページだけ読んでみたら、すでにおもしろいんですよ。まず、「お日さまの軌跡を追ひしぼくの眼の……」という歌から始まり、そのままの映像を浮かべても大変おもしろいんですけれど、次のページの、

もうなにもかんがへなくていいらしい首から上はあ
ぢさゐの花

なんて、もう、このへん読んでいるだけで、生きているのに、これって加部さんの世代だけじゃなくて、ふり返ってみたら、私の世代でも、上の世代でも、もっと若い世代で

も、飢饉が起きているわけでも、親兄弟が殺されて自分だけが生き残ったわけでもなんでもないんだけれども、もう、存在して息を吸うだけでもつらいんですよね。そのつらさを言葉に、表現として出してくるのを見ると、最初に読み始めたときは、加部さんの世代の感性なのかなと思ったんですけれど、読み進めるにつれて、いやいや、私の世代にもあるし、親の世代にも、もっと若い世代にもあると、なにか人間の根本的なところに、グサグサッとくさびを打ち込みながら、話が進んでいくように思いました。

そういうことで、たとえば「反意味と作為」の一連なんて、全然わかんないですけど、現代詩にはこういうのはあるんです。これを入れたことによって、そのままずっと読んでいったらすんでいたことが、言った言葉がそのままにつながらなくなって、イメージできなくなっちゃって、言葉が絵の世界に近くなっちゃうんです。ただ、それもね、登場人物の頭の中はこうなっている、現実がこうなっているというふうな感じで、こういうのを差し挟むことによって、本としてのおもしろみが出てくるんですよね。みなさんのお話を聞いていると、いろんな意見があって、自分にない視点で読んでいる方がたくさんいるのは重要なことで、喧々諤々、いろんな意見が出てくる、こういう本に巡り合えるのって、純粋に嬉しいですよね。

それで、ほかの方が呼び出している短歌を見ると、褒めることはいくらでもできるんですけれど、ただ褒めてばかりでは芸がないので、たとえば、ちょっと陳腐じゃないかなと思ったのは、

　　キリストがトマトを食《を》せば天皇もトマトを食して下
　　痢気味のぼく

という歌で、なんで、「キリスト」と「天皇」と「下痢」じゃなきゃいけないのか。人々の信仰を集めている聖なる存在ではなくて、もっと加部さんオリジナルなものを並べてもらえると、おもしろかったなと思います。あと、目に入ったのが、

　　トイレットペーパーぢやなく星条旗もて尻を拭く白
　　骨死体

という歌など、「トイレットペーパー」という言葉は必要なんですかね。「尻を拭く」っていったら、その動作ですんじゃう。短い表現形態の中でちょっともったいないかなと思いました。好きな歌はたくさんありますけれど、もう一首、加藤さんが選んだ、

　おぞましき国の番犬警察は保健所送り端午の節句

は、言いたいことはすごくわかります。伝わってくるんですけれど、「おぞましき国の番犬」は「番犬」ですんじゃう。「おぞましき国の」を言えばよりわかりやすいんですけれども、詩人から言うと、詩よりも散文の世界に近い短歌がたくさんあるような気がしました。それはそれでおもしろいんですけれども、一首だけ見せられたときに、「なんか、もったいなくない？」みたいに思いました。
ただ、たとえば、本一冊で一つの作品という意味だったら大変おもしろいし、こういう本を、ぜひ、どんどん作っていただいて、いろんな人に読んでもらいたいですね。なにより、息を吸って、吐いて、それだけでもしんどいと感じ

ている人たちって、たぶんたくさん世の中にいて、そういう人たちに言葉を与えることができると思うんです。それは、「あとがき」に到るまでちゃんと作ってあって、一冊の本として、本自体が小説のようにおもしろかったです。じゃあ、好きな作品を取り出して、その一首について延々と語れるかというと、さっき私が疑問を呈したようなもったいなさが意外とあります。

生沼　すみませんが、もう、そろそろ……。

西野　あと、「脳みそにストロー挿してちゅるちゅると……」という歌ですが、これは、そう、ユーモアって読めるんですね。私は、「脳みそ」って自分の脳みそのことだと思ったんで、「翁」も自分のことだと思ったんで、究極のグロだと思ったんです。私、とっても怖かったんですけれど、ユーモアっていう読み方もあるんだと……。

生沼　はい。ありがとうございました。さいかちさん、お願いいたします。

さいかち真　すみません、仕事だったもので、遅れました。加部さんの歌集はわりと好きで、去年、砂子屋書房のホームページ「日々のクオリア」に取り上げさせていただきました。それでは、まず、

〈ネズミ人間〉が殺め幼女らに二十年遅れ宮崎勤氏
　も逝く

という歌についてですが、「宮崎勤」に「氏」が付いていますよね。僕なんかは、「あれ、「氏」を付けちゃ、ダメでしょう」って思うわけですよ。「宮崎勤」に「氏」を付けたら、「宮崎勤に「氏」を付けるような考え方の人だ」と読者が普通に思うわけですから、そこは、どこまで同一化しているのか、共感があることはわかっちゃうんですけれど、そこらへんは、やはり付けなきゃすむことだから、ちょっと計算違いがあるのかなと思います。それで、これに類することがこの歌集にはたくさんあって、「天皇」もそうですね。「天皇」が出てくる歌も、これなんか削ったらいいのにと、正直思ったんです。そんなに本気で言ってないんだろうなというか、いろいろと乱反射して言っている中の一つとして「天皇」が出てきていますので、ほんとうには天皇制のことを考えたりしていないんだろうなと思いました。いやあ、ここはひっかかる視点だから、このへんは外しときゃいいのにな、第一歌集だから、とまず思ったんです。ちょっと損をしてるな、と。でも、損をしている分、僕なんか、肩入れしなきゃという気持ちが(笑)、なんか、むくむくと湧いてきたんです。すごくイマジネーションが豊富で、言葉の才能もある人だから、ぜひ頑張って、短歌を作っていってほしいと思ったんです。

たとえば、ちょっと違う話になるかもしれないけれど、このあいだ、加部さんの詩を読んだんです。加部さんの思想は詩のほうがよくわかるんですよ。詩を読んで、クリアにわかった。加部さんは現代詩の手法をしっかりわきまえていて、じつに見事な詩人なんです。だから、「なんだ、こんなにクリアに自分の思想を語れる人が、短歌になると、なんでこんなにわけのわかんない……」と(笑)。短歌の韻文性が加部さんの中から引き出すものが違うんですよね。詩を書いているときの加部さんはとても知的な人で、手紙

をいただいたり、今日お会いした印象も詩のイメージの加部さんに近いですね。それに対して、この、「短歌の加部さん」は、僕は今日、正直言って、こわごわ来ました。あんまり会いたくない感じがしますね。怖いです。このあとで、手紙を送って、「あなたと一緒に何かやりましょう」とはちょっと言いづらいような、どういう人かわかんないから危ないんじゃないかみたいな、そういう危険さがすごくあるんですね。この歌集を出したとき、本人はそこをどのくらいわかってやっていたのか見えなかったところがあります。たとえば、「ニート」の歌がありますね。好きな歌なんだけれど、

「人殺しどもめ！」「人殺しどもめ！」とスピーカー手に東京駅で

について、僕は、「ニートの逆襲」と書いたんですけれど、加部さんは逆襲するニートと同一化しているんですね。心情的に、日常的に、すごくかぶっているんですけれど、これは頭の中で書いているんで、現実の作者がそれをやるわけではないんです。ただ、憎しみがすごく強いということは感じましたね。普通、詩歌の言葉は憎しみがあって書くと、表現になりませんね。壊れちゃうんですけれど、加部さんのは、これだけ強烈な憎しみがあっても、言葉の修辞としては崩れないで、壊れないで、ちゃんと形になっているところがすごいと感心したんです。

あと、「亞天使」とはどういうものかというと、たとえば僕が「A」だとすると、もう一人、僕の恋人として、欲しい人は「Ä」なんですね。自分と相似形の恋人が欲しいんだけど、その人はいないんです。いないんだけど、いるんです。それが、「求むれど得られない」という苦しみで、ものすごく苦しいんですよね。これが、加部さんの歌の「亞天使」で、僕なりに読み解くと、そうなります。そうすると、苦しいなあというのはわかるし、その飢渇感もあるし、あと、親に対しては、「なんで、こんな俺に産んだんだ」と、父親憎悪は明確にありますよね。それで、「死」がどうしても目の前にちらついてしまうというところがあります。そういう意味で、ある程度、古典的というか、ないものを求める自分という、わかりやすい作りになっていると思います。みんな、たぶんこういうことだろうとわかるんではないでしょうか。

では、僕が気に入った歌を挙げていくと、

表立ちて国家と抗争する人を見つ遮光カーテンの隙間ゆ

これは、デモかなんかをしている人がいて、それをそっと見ているんですよね。現実の一場面、日常の生活の中で詠んでいる、なにげない歌ですけれどね。それから、

被爆樹にいっせいに咲く手のひらのゆび吹き散らすブッシュのおなら

汚いですけど、「ブッシュのおなら」と「被爆樹」で、ちゃんといけてるんじゃないかな。このうしろにある「原爆の歌」の一連は要らないんじゃないかな。これ一首でいいと思うんです。「心臓」の歌の一連とか、いらないです。これは不思議な世界ですよね。なかなかこういう歌は作れません。それから、これが一番好きな歌なんだけど、

　一秒後には冷えにけりさわらびのぼくと天使とぼくのスラング

さきほど、「A、À」って言ったけれど、いるんでしょうね、「亞天使」は。ここは、「亞天使」ではなくて、「天使」なんだけど、「ぼく」と二人でやり取りして、一瞬のあいだに出会いが冷えてしまうような、ひやっとするような、恋人になれるかな、やっぱりなれないな、というようなやり取りですね。とてもリアルですよね。あと、

　重度の知的障害の少年がぼくの手を握り返すはつなつ

この一連は、いいですね。加部さんの心のやさしさが出ていて、現実にそういう仕事をしていらっしゃるのかなと思ったりしました。だから、こういうところだけを中心にして歌集を出しても、共感させる世界をちゃんと持っていらっしゃるんだけれど、「今回はいろいろやってみた」ということですよね。それから、「角膜」の一連も悪くないです。

　来世ではきみに遭ひたし手鏡の右眼の奥の〈死〉を覗き込む

「〈死〉」が出てきますけれど、比喩としてあるんだろうと思います。この「きみ」は、どういう「きみ」か、僕、知りませんけど、死んだ人なんでしょうね。それから、「父親憎悪」と、先ほど言ったけれど、

　ひまはりの花びら総て抜け落ちてあたりに充ち来父の口臭

という歌は、完成していますよね。完璧な歌ですね。父親に対する憎悪の歌としては見事な歌です。では、このへんで終わりにします。

生沼　ありがとうございました。これで指名が一巡しましたので、さらにみなさんのご意見をうかがいたいと思います。あと十分か、十五分、まだ言い足りないことがある方は、ぜひ発言をお願いいたします。

原　じゃあ、よろしいでしょうか。先ほど、生沼さんから、「遅れてきた文学青年」というからみで、「大きな物語」に対するご指摘がありましたね。これはまさに、石川美南さんがおっしゃった、「正と反」「右翼と左翼」「天皇制と革命」とか、何でもいいんですけれど、その種の話にからみ取られていくことへの危機感みたいなもので、たぶん同世代だと思うんですけれど、生沼さんも、石川美南さんも、共有されていて、でも、それって、「遅れてきた政治青年」じゃないかなと思ったんです。

生沼　僕の「遅れてきた文学青年」という言い方が適切かどうか、ご指摘もあって、撤回するようですけど、適切な言い方ではないかなと……。

原　私からすると、「大きな物語が信じていられた時代の文学青年のスタンスに遅れてやって来た」というふうなことだと思ったんです。ただ、逆に言いますと、「反大きな物語」「ポストモダンの物語」「脱構築の物語」、これはもう逆に、けっこう「大きな物語」で、それ自体、もう陳腐化していますし、それを言っちゃうと、剥いても剥いても同じらっきょうみたいな話になっちゃいます。このあいだ、「舟」での『亞天使』の「批評会」のときに、柳下さんに、この、「ぼくは、／〈世界〉を／欲望／しない。」という「帯

文」について聞いたら、「加部さんは、もともと世界を欲望しているんですよ。」というふうなおもしろい話を言ってました。加部さんは「欲望している」のに、柳下さんは「欲望しない」と変えて、インパクトを与えたんですね。そういうふうな、「欲望する」と「欲望しない」のあいだで揺れ動いているものがあるんですよね。普通に言うと、「世界を欲望する」というのは「革命」ですよ。「大きな物語」につながる話です。これは、結局、右でも左でも、「世界」を奪取しようとする、「欲望」して奪取するわけですよね。でも、そのやり方については、この一冊ははまっていないと私は思うんだけれど、でも、いっさい欲望することをやめてしまったかというと、そうではないです。「大きな物語」を欲望するしかたとは違ったやり方で、一生懸命、欲望している。この襞のようなところを読み解いていくことが、まさに『亞天使』を読むということであって、「大きな物語と小さな物語」という「ズレた大きな物語」の話になっちゃったらつまらないかなっていう、そういうことです。

江田　だからね、カオスなんだよね、ひとつの。ある一つの政治的な立場に立って、歌ったり、批判するということではなくて、歌集そのものが一種のカオスなんです。だから、「欲望しない」というのはよくわかるんです。欲望しようがないんです、カオスであるかぎりね。読んでいて、おもしろいなと思ったのは、こういう歌を作っているんですよね。

「政治家を批判し原発を批判すれど岡井隆の鬢に巻かれたし」

「なんだ、こりゃー」って思いました。それを含めてなんで、「岡井隆の鬢に巻かれたい」って、彼の中では、それを含めてなんで、「遅れてきた政治青年」というのとは、やはり違うと思います。

生沼　適切な言葉が、僕には、正直、見つからなくて、困っているんだけど……。

江田　ただね、少なくとも、加部さんは、「舟」の「短歌＝天皇制」についての文章で、こんなふうに、かなり強烈に言っています。

「短歌が天皇制であるなら、短歌は天皇制と同じレベルの暗黒の深淵を開示するものでなければならない。そしてもしくはレベルにおいて天皇制のレベルになった短歌を、すなわち天皇制を短歌によって批判している短歌は他のいかなる芸術においても決して到達することのできないレベルの不可能性の元に立って自らの表現を賭けることになるであろう。」と。これを読んだとき、これはまあ、大変なところに来ちゃったなあ、めちゃくちゃ、不可能性に立って表現しようとしているなあと思いました。だけど、実際に作っている歌は、どうも、そうじゃないな、と思いました。

生沼　かなり率直に言っている感じがしますよね。

江田　だから、いいんじゃない？

生沼　そう、もちろん。

依田　別のことを一つ言いたいんですけど、「反意味と作為」という一連があるでしょ。今日は、おおむねそこの理解ができそうもないということだったんだけれど、この歌集の全体を見たら、「俺はこうやってこの歌集を作ったけど、やっぱり意味に反を唱えるし、作為はそこにある」と、捨て台詞として読めてしまう。

生沼　それで、やはり、さきほどの「大きな物語」の話になるんだけれど、「大きな物語」の失効ということもあるでしょうし、前衛短歌自体がいよいよ失効しつつあるということを、私はこの数年、言い続けていて、そこから考えると、加部さんは前衛短歌を一種の「規範」にしているところが、則ってやっているところがあるので、いまの若い、同世代の歌人の流れからすると、悪いわけじゃないけれども、ずれているんじゃないかなということを指摘したつもりなんです。

江田　それ、ちょっと聞きたいんだけど、「前衛短歌の失効」とか、「若い、同世代の歌人の流れ」というのは何ですか。口語短歌の現状のことを言っているわけですか。

生沼　それも含めてということで、それだけじゃないですよ。

原　ちょっといいですか。前衛短歌にからめて言うと、これは、この歌集が出たばかりのときに喋ったことなんですけど、前衛っていっても、岡井を思い浮かべたり、塚本を思い浮かべたり、いろいろですけれど、この歌集は、題名からしても春日井建に近いと直感的に思った。春日井さんの歌集の『未青年』は、「青年」に「未」がついていますね。こちらは、「天使」に「亞」がついています。いろんな青春のカオスがあって、今回、私はそれを掘り下げて喋ればよかったんですけど、課題というか、彼と前衛の接点を探るとすれば、ポイントになるのは春日井建だなと思っています。

生沼　ありがとうございました。あと、いかがでしょうか。

石川（美）　言葉の感覚の話なんですけれど、「反なんちゃら」のこととからめて言うと、

（リア充は全員殺す！）鶏の首絞むるがににぎる吊革

という歌があって、「お前死ね」とか、「なんとかを殺す」ということが、作者の中で、どの程度の重さで受け止められているのかという疑問が一つあって、それは、どの程度でもいいんですけれど、ツイッターとかで、「リア充、死ね！」って言っているレベルならいいと思うんです。もしこれが、ほんとうに「リア充を殺したい」と思っているのであれば、この表現にはならないので、これはこれでいい歌だと思うんです、インパクトはあるし。それよりは、さっき、さいかちさんが挙げた、「ひまはりの花びら総て抜け落ちて……父の口臭」という歌のほうが、もし、これをお父さんが読んだときに、精神的にほんとうにつらいんだというのは、たぶんこっちのほうが言葉の重さとしては痛いと思うんです。そのハンドリングを本人の中でどうコントロールできるかということを、今後、考えながら書くほうがいいんじゃないかなと思います。ほんとうに殺したいやつが出てきたときに、どうやって言葉で殺すことができるんだろうということを考えてもいいんじゃないかなと思います。そう考えると、たとえば「知的障害」という言葉が出てくると思うんですけれど、そういう言葉を遣うとき

も、やはり同じことが生じてきて、その言葉を読んだ人がどう考えるか、その人に対して、自分はどういうケアを持っているんだろうということを、自分が言われるのと同じレベルで考えておくことが必要なんじゃないかなと思っています。それが、本を作る側の、柳下さんのスタンスも、もちろんあると思うんですけれど、それは歌壇全体に言えることであって、どの言葉を、編集して、載せて、可なのか否なのか、ということもあることをお伝えしておきたいと思います。

江田　さっき、さいかちさんは、「天皇の歌はなくしたほうがいいんじゃないか、それほど思ってないでしょ」というふうに言ったんだけれど、僕はどうしたっていいと思うんです。だけど、実際は、「政府」とか、「天皇」をほんとうに攻撃できるかは難しいところで、山中智恵子さんは昭和天皇が亡くなったあと、こういう歌を作りました。

青人草《あをひとぐさ》あまた殺してしづまりし天皇制の終を視なむ
昭和天皇雨師《うし》としはふりひえびえとわがうちの天皇制ほろびたり

　こういうのを「連作」で作っているけれども、こんな歌を持ってこられたら、ちょっと対峙できないよね。もし加部さんが、ほんとうにそういうことを考えているのならばだけど、加部さんは、「短歌は天皇制であり、その天皇制である短歌によって天皇を直接批判したとしても、それはあまり意味はないんだ、効果はないんだ」と書いているけれど、山中さんのこの歌を読んだらね、僕はそうは思わないんです。山中さん、自分の身の危険を感じなかったのかな。天皇が亡くなって、そんなに経っていないときですからね、これ。しかも、「雨師すなはち帝王にささぐる誄歌」って、「誄歌」はほんとうは「死者の生前の徳を讃えて、その死を悼む歌」ですから、その歌で強烈な批判しているわけで、ものすごい皮肉なわけなんですよね。

さいかち　僕が言いたかったのは、もうちょっと補足すると、それは昭和天皇じゃないですか。でも、現天皇はまた違うじゃないですか。「天皇制」というのは不動の本質があるんじゃなくて、そのつどそのつど現われ方があって、それが問題なんで、短歌でそこを原論的にまとめて書いちゃったりすると身動きが取れなくなっちゃうから、もうちょっと柔軟に発想したほうがいいんじゃないかというのが僕の立場ですね。だから、自分が扱えないことを、全部、論理で言っちゃおうとするのがまちがいなんですよね。なかなかロジックに入ってこないのが詩歌だから、そこの大きな理屈と個々の作品のレベルが噛み合わないときがあって、今日、僕は加部さんの歌集に対して、大きな理屈を持っている作品と個々の論理がどうもうまくかみ合わないから、みなさん、苦労してるなあという感想を、正直なところ、持ったんです。それを言いたかったの。だから、石川美南さんも、ちょっと違うなと思ったんです。ごめんなさい。

生沼　石川さんどうですか

石川(美)　特にないです。おもしろかったです。「闘論会」というからには、それぞれの短歌観を持ち寄って、全員、傷ついて帰るくらいがよろしいかと思いますので、今日は大変楽しい会だったんじゃないかなと思います。ありがとうございました。

加藤　僕も、特に付け加えることはないです。語りきれていないところはたくさんありますけれど、それは、みなさん、そうだと思います。限られた時間の中で、いろいろと意見が出たのは、この一冊がそれを語らせたという感じはあります。

生沼　はい、ありがとうございました。時間の関係もあり、司会の腕が悪くて、うまくまわせなかったところが多々あったと思います。申しわけありませんでした。では、最後に、著者の加部洋祐さんより、ご挨拶です。

加部　本日はみなさん、長い間、いろいろと活発なご意見をくださって、ほんとうに勉強になりました。これまで、僕、十年ほどやってきましたけれど、もらったことのないい言葉や、加部は言葉に依存しているのではないかというご批判を、今回が初めてだったんですが、いただいて、それは新鮮で、これから対応していかなきゃなと思ったりしました。みなさん、いろいろと考えてくださって、うれしかったです。ほんとうにありがとうございました。生沼さん、司会をありがとうございました。

この「闘論会」の参加者の一人である安井高志氏が二〇一七年の四月末、事故により急逝された。三十二歳の若さであった。痛恨の出来事と言う他ない。以下、「舟」三〇号に掲載された彼の絶筆にあたる短歌連作「水底弔歌」から、末尾の一首を引く。

夜の音にとけてきえておちていつか彼女は白い樹木になる

現在、「舟」の代表である依田仁美氏を中心に彼の遺稿集が計画されている。完成したら、ぜひお手に取られて、彼の魂にじかに触れてみてほしいと思う。

（加部洋祐記）

執筆者一覧

井元乙仁（いもとおとひと）／一九六五年、東京都生まれ。早稲田大学卒。学生時代、近藤芳美の謦咳に接する。現在、「未来」所属。佐伯裕子に師事。

大久保春乃（おおくぼはるの）／一九六二年、神奈川県生まれ。「熾」所属。歌集に『いちばん大きな甕をください』『草身』。エッセイ集に『時代の風に吹かれて。─衣服の歌』。◇「熾」誌に本年四月号から「衣服の歌」を折り折りに掲載していただくことになりました。本誌にも引き続き発表して、『衣服の歌』の続刊を叶えたく、書き続けたいと思っています。

大田美和（おおたみわ）／一九六三年、東京都生まれ。「未来」会員。歌集に『きらい』『水の乳房』『飛ぶ練習』『葡萄の香り、噴水の匂い』、上記歌集四冊と詩と散文を収録した『大田美和の本』。共著に『現代短歌最前線』などがある。◇「歌人近藤芳美と作曲家尹伊桑《ユンイサン》のポストコロニアルな出会い」という研究を開始して、韓国、統営《トンヨン》の国際音楽祭に行ってきました。

大西久美子（おおにしくみこ）／「未来」所属。「劇場」同人。二〇一四年、第六回中城ふみ子賞次席。二〇一六年、歌集『イーハトーブの数式』で第七回神奈川県歌人会第一歌集賞。◇「NHK短歌」（二〇一六年四～九月号）に「宮沢賢治の短歌」（監修・佐藤通雅）執筆。「斎藤茂吉を語る会」（二〇一七年三月）のシンポジウム「茂吉の歌のナゾ解き」にパネリストとして参加。今年度から「神奈川県歌人会」で広報を担当。

小笠原魔土（おがさわらまど）／「個性」の編集委員を経て、現在は「熾の会」編集委員。第一歌集『真夜中の鏡像』（二〇〇五年）。医療機器メーカー勤務の傍ら、東京女子医科大学共同先端生命医科学専攻の大学院生（二〇一七年現在）。◇社会人大学院で土曜日だけ学生をしていてクタクタの日々ですが、自分の中にできた新しい世界の歌を詠んで行きたいと思っています。

加部洋祐（かべようすけ）／一九八〇年、神奈川県生まれ。「舟」同人。その他に「大衆文藝ムジカ」「社会評論」「思想運動」「コールサック」を主な作品発表の場としている。第一歌集に『亞天使』。◇この春、コールサック社のアンソロジー『日本国憲法の理念を語り継ぐ詩歌集』に参加しました。私の歌は場違いな気もしましたが、長い目で見れば有意義であるように思ったからです。

菊野恒明（きくのこうめい）／一九四八年、富山県生まれ。一九九三年、「未来」入会、岡井隆氏に師事。一九九八年、未来年間賞受賞。歌集に『北の医局』『医局の庭』『望郷の医局』。◇三年前に「医局三部作」ともいうべき歌集を出版し終え、また精神科医師として勤務も故郷の地になったので、短歌作品にも新境地を拓きたく苦闘中。さらに、新たな「随筆作者」への道を求め、探求してゆきたい。

朽木祐（くつきゆう）／一九七九年、神奈川県生まれ。「未来」短歌会彗星集（加藤治郎選歌欄）所属。二〇一三年、未来評論・エッセイ賞次席。◇短歌を作り出す前に書いた小説を引っ張り出してみたら、いや、読みづらかったこと。刈り込んで刈り込んでなんとかしてみましたが、小説と言えるものになったのかどうか。

小林久美子（こばやしくみこ）／一九六二年、広島県生まれ。「未来」に所属。歌集に『ピラルク』『恋愛譜』。◇「表紙絵」を担当させていただくことになりました。どこかにあるかもしれない扉を感じて耳を澄ませる。そんな片時をイメージしました。

坂原八津（さかはらやつ）／一九五八年、愛媛県生まれ。一九八〇年、「個性」入会。二〇〇四年「熾」創刊に参加。歌集『太陽系の魚』（一九八七）、『葉』（一九九八）、『はて』（二〇〇七）。◇十八歳まで愛媛で育つ。岡山、鹿児島に数年単位で居住、現在は埼玉在住。神社、寺、古墳巡りをしていると落ち着くので、最近奈良旅が多い。飛行機は苦手。病院勤務の薬剤師。

笹原玉子（ささはらたまこ）／歌誌「玲瓏」所属。歌集に『南風紀行』『われらみな神話の住人』、詩集に『この焼跡の、ユメの、県』◇塚本邦雄・山中智恵子に少しでも近づきたくて歌を続けています。昔の映画、女優が好きで、例えばコリンヌ・リュシエールとか。

生野毅（しょうのたけし）／一九六四年、東京都生まれ。作詞作品に『混声合唱と四人の打楽器奏者のためのコスモフラワー』（作曲・吉岡孝悦）。フランス・ガリマール書店刊『今日の日本の短詩』に俳句が収録される。◇後藤健二さん、湯川遥菜さんへ捧げられた詩『哀悼』（作・添田馨）を私が朗読した動画がYouTube にアップされました（添田さん、石田瑞穂さんの朗読、入沢明夫さんの演奏、三氏とのトークも収録）。

砺波湊（となみみなと）／一九七八年生まれ。「短歌人」同人。二〇〇八年に髙瀬賞、二〇一一年に短歌人評論・エッセイ賞、二〇一四年に短歌人賞を受賞。◇昨年の冬のコミックマーケットで、源頼政の和歌を紹介する冊子を頒布しました。人気のゲーム・アニメ「刀剣乱舞」に太刀・獅子王の主として名前が出てくるそうです。いま読んでも、発想や工夫に感心する歌も多く、なかなか楽しい体験でした。

中村幸一（なかむらこういち）／一九六三年、東京都生まれ。明治大学政治経済学部教授。短歌結社「熾」編集長。主著に、歌集『あふれるひかり』、筆名「上村隆一」によるエッセイ集『中村教授のむずかしい毎日』（本名による続編が作品社より刊行予定）。◇本業の言語学をずっとさぼっていたが、『日本人の英語』で有名なピーターセン教授の退任記念論文集に書かねばならず、書いているところ。

西巻真（にしまきまこと）／一九七八年、新潟県生まれ。「未来」短歌会会員。二〇〇八年に未来年間賞、二〇一〇年に未来賞、二〇一四年に未来評論・エッセイ賞を各受賞。◇今年の二月八日に入籍しました。創刊のテーマを完璧に無視して書き出してしまって、原稿ができてから焦りました。

長谷川と茂古（はせがわともこ）／一九六一年、和歌山県生まれ。「中部短歌」同人。「白の会」メンバー。第一歌集『幻月』。◇第一歌集から、早いもので七年が経ちました。そろそろ第二歌集の準備をしなくては、と思っています。寡作ゆえ、毎月ウンウン唸っております。唸るだけで過ぎてしまうことも。

廣庭由利子（ひろにわゆりこ）／「玲瓏」、「未来」所属。二〇一四年、第二四回玲瓏賞受賞。二〇一四年、第一歌集『黒耶悉茗《じゃすまんのわーる》』、二〇一六年、『ぬるく匂へる』上梓。現代歌人集会、日本歌人クラブ、兵庫県歌人クラブ会員◇趣味はアルゼンチン・タンゴのダンス。

二三川練（ふみがわれん）／「象」短歌会、「かるでら」「学生短歌年鑑の会」「月光の会」所属。俳句や詩も書いております。九月に舞踊や書道とのコラボ朗読会を行います。最近の悩みは人の朗読を聴くときに集中力がすぐ切れること。
Twitter ← @ren_fumigawa

堀田季何（ほったきか）／一九七五年、東京都生まれ。「短歌」「澤」各同人。短歌にて第二回石川啄木賞、平成二八年度日本歌人クラブ東京ブロック優良歌集賞、俳句にて第三回芝不器男俳句新人賞齋藤愼爾奨励賞を受賞。歌集『惑亂』、句集『Arabia』（アラブ首長國聯邦にて出版。日英亜対訳）。多言語多形式にて創作及び翻訳。◇あと二つ手術を受けた後、國内向け句集を出す予定（来年後半目標）。いづれ第二歌集も。

堀隆博（ほりたかひろ）／一九六〇年生まれ。一九八四年、「未来」短歌会入会。一九八七年合同歌集『保弓留・海豚（ホテル・ドルフィン）』発行メンバー。◇別人誌「扉のない鍵」が、どんな形で発展していくか楽しみです。

松原未知子（まつばらみちこ）／一九五〇年、東京都生まれ。早稲田大学フランス文学科卒。「未来」所属、岡井隆選歌欄を経て、ニューアトランティス欄へ。歌集に『戀人《らばあ》のあばら』（一九九七年）、『潮だまり』（二〇〇四年）。◇現在、映画ファンにして羽生結弦ファン。今後の歌集の出版の予定はとくにありません。

松本憲治（まつもとけんじ）／一九七九年、北村太郎に私淑。詩誌「μ」を宮野一世と共同主宰。詩書に、『千年の耳』（一九八一年）、『パ・ドゥ・ドゥ』（一九八四年）、『聖跡』（一九九九年）。二〇一二年十月、北村太郎の詩劇「われらの心の駅」を初演(構成・作曲・演出、於=紀伊国屋サザンシアター)。さまざまなジャンルの音楽の作曲・編曲、オペラ、ミュージカル、演劇の演出、アートイベントの企画・構成・マネージメントなどをする。

宮野一世（みやのいっせ）一九五四年、富山県生まれ。小学生時代を北海道津別町で過ごす。魚津高校を経て、横浜市立大学商学部卒。三十数年間、学習塾を個人経営。現在は校正・校閲と学参書の執筆を生業とする。詩集に『津別』。北村太郎の暗号（折句）に関する文を「文學界」に発表。『北村太郎を探して』に講演・解題が収録、『北村太郎の全詩篇』に解題を執筆。敬する歌人、島田修三。

森井マスミ（もりいますみ）／一九六八年、大阪府生まれ。「玲瓏」編集委員。歌集に『ちろりに過ぐる』（第三五回現代歌人集会賞）、『まるで世界の終りみたいな』、評論『不可解な殺意』、共著に『殺しの短歌史』。◇介護のため、大阪と職場の愛知の往復を始めて五年。昨年は地元紙「大阪日日新聞」のコラム「澪標」を担当しました。『シアターアーツ』に劇評も掲載しています。

柳原恵津子（やなぎはらえつこ）／一九七五年、東京都生まれ。二〇一六年から、短歌と言葉の個人誌「海鞘」を編集、発行。ゲスト募集中です。二〇一七年、未来評論・エッセイ賞受賞。明治大学大学院教養デザイン研究科博士後期課程一年在学中。◇さいかち真さんと嵯峨直樹さんの同人誌「美志」十九号に、短歌作品「木の橋の街」と、歌集評「液化、雨、そして海」（特集「井上法子歌集『永遠でないほうの火』を読む」）を寄稿させてもらいました。

山本かずこ（やまもとかずこ）／高知県生まれ。詩集に『渡月橋まで』『思い出さないこと 忘れないこと』『いちどにどこにでも』など、散文集に『日日草』など、著書多数。

玲はる名（れいはるな）／一九七三年生まれ。現在「玲瓏」同人。個人誌「ブルートレイン」を主宰。著書に、歌集『たった今覚えたものを』、同書英語版『What I've just realized』、詩集『世界の終焉と美しき獣 autoinfanticide』など。Twitter↓@reiharuna

＊

生沼義朗（おいぬまよしあき）**【副編集人】**／一九七五年、東京都生まれ。「短歌人」編集委員（選者）。[sai]同人。歌集に『水は襤褸に』（第九回日本歌人クラブ新人賞）、『関係について』、共著に『現代短歌最前線 新響十人』。◇版下作成と会計を担当しました。予定が大幅に遅れ、申し訳ありません。

江田浩司（えだこうじ）**【編集人】**／一九五九年、岡山県生まれ。「未来」編集委員。「芭蕉会議」世話人。主著に、歌集『まくらことばうた』、評論集『私は言葉だつた 初期山中智恵子論』、『今日から始める楽しい短歌入門』、詩歌批評集『緑の闇に拓く言葉（パロール）』、詩歌集『想像は私のフィギュールに意匠の傷をつける』など。最新刊『岡井隆考』。

編集後記

◇副編集人として、主に版下作成や会計を担当することになった。思えば別人誌の第一回打ち合わせが、去年のクリスマス直前だった。それから、まさにあれよあれよという感じで到った創刊号である。至らぬ点も多々あろうとは思うが、あたたかくお見守りいただくと同時に、具体的なアドバイスや叱咤激励も積極的にお寄せ下さればと願っている。◇今回は各別人がそれぞれのフィールドから作品を出した。シナジーはこれからかもしれないが、各作者および各ジャンルがどのような差異や融合を産むかに、本誌の価値はかかっているのはまちがいない。◇会計の監査は、長谷川と茂古さんがお引き受け下さり、北冬舎の柳下和久さんからいろいろとアドバイスをいただき、別人諸氏の大結集にも、感謝の気持ちでいっぱいだ。

（生沼）

◇「扉のない鍵」は、「文藝別人誌」という聞き慣れない名称の雑誌である。私は当初、本誌に集う者が、普段とは異質な創作を行う場として別人誌を位置づけていた。また、同人誌のような関係性をなるべく無化した上で、他者による競演を意識したところもある。しかしそれは、あくまでも表層的な意味づけにすぎないだろう。各別人のテクストが、本誌にどのような本質を付与することができるのかが、本誌の生命線である。創刊号の特集は、本誌の誌名に因んでいる。実はその誌名こそが、別人誌の本質を象徴的に表しているとも言える。◇新しく雑誌を創刊することは、未知なる要素を内に秘めた冒険である。その冒険を共有するのが、本誌に集った別人たちであり、本誌を通して、別人たちの冒険を繙く読者でもある。本誌は自由な創作と発想の場として、多彩な表現の横断や越境を目指している。創刊号がその目的を果たしえているかどうかは、読者諸氏の御判断にお任せしたい。なお、本誌は二年で三冊の刊行を目指している。（江田）

「扉のない鍵」創刊号　2017年8月1日 発行

発行人：[TNK]
編集人：江田浩司　副編集人：生沼義朗
発行所：〒201-0001　東京都狛江市西野川2－30－2　江田浩司方
tobiranonaikagi@gmail.com

発売所：〒101-0062　東京都千代田区神田駿河台1－5－6－408　北冬舎
http://hokutousha.jimdo.com/　hokutousya2@gmail.com

印刷所：株式会社 緑陽社

定価：1,000円（税別）　協力：柳下和久